日本大学 学長特別研究プロジェクト 編著

国際救助隊誕生

―N.RESCUE国際救助隊誕生物語―

リバネス出版

N.国際救助隊に参加した研究者が、プロジェクトで行なったこと、そこで感じたことなどを自由に綴りました。ぜひ、好きなところからお読みください。

［まえがき］

N.国際救助隊書籍刊行に向けて

日本大学学長　大塚　吉兵衛

日本大学は、平成24年度から学術研究とともに教育・運営にも活用できる総合的な新たな研究領域の発展を推進することを目的とした、本学独自の研究助成制度として「理事長特別研究・学長特別研究」を創設しました。特別研究のメインテーマとして、「日本大学のもつ学問領域の幅広さを活かし、未来の地球環境、ヒトの生命、生活のために求められる、あるいは新たに提案する総合的・統合的な研究」として募集し、この中で、平成25年度に、芸術学部木村政司教授を研究代表者とする、「N.（エヌドット）国際救助隊による災害復興、教育支援のための学生「絆」プロジェクト」が「学長特別研究」に採択され、2年間の研究プロジェクトとしてスタートしました。

このプロジェクトは、東日本大震災を契機に、その後1年以上に渡って被災地復興に生じている課題や地方の過疎地域で生じている医療、教育問題、さらには高度成長期に整備された生活インフラの老朽化問題など、現地に赴いて検討を加えなければならない社会問題に対して、大学がどのように対応して協力していけるかを検討していく中で提案されたものです。

大学の使命に対し、教育と研究の立場から研究成果の社会還元や国際貢献できる人材の育成などが問われ、総合大学として多様な研究機能を活かした社会貢献をしていかなければなりません。

初期活動は、20名の研究者と学生が木村教授の呼びかけに応じて隊員となり開始されました。また、プロジェクトを稼働させる機動力として、魅力的な救助隊活動にするためにも、日大の使命をアピールするデザインから機能とともに演出を具備したオープンウィングのトラックを選択しました。これによって、災害復興支援、医療福祉支援、教育支援など多様な場面で、機材を入れ替えることによりいつでも出動が可能になりました。
今までに、教育支援として宇宙エレベーターや小学生への移動動物園などが実施され、感謝されているとのことです。今後は医療支援や災害復興など多様な分野の派遣依頼の要請に応えられればと考えています。今までに学内挙げてご協力頂いた皆様に感謝するとともに、今後の発展を期待いたします。

平成27年3月

N.RESCUE国際救助隊活動物語

目次

N.RESCUE

01

国際救助隊の誕生

芸術学部 デザイン学科
教授　木村 政司

救助隊というと、事故や災害があったら現地に向かい、救助に全力を尽くすといったイメージがあります。私たちの救助隊は、世界の舞台で社会に貢献できる人材を「国際救助隊」と呼ぶことにしました。主役は大学の研究者、教職員、学生であり、一般の人々や地域と社会です。大学の使命である教育と研究の目的は、まさにこの世界の舞台で社会に貢献できる人材を育てることです。研究、教員職に就く者、企業に就職する者、個人で起業する者が目指すものは世界の舞台で社会貢献することです。学ぶことで自分を磨くことは、結局人のため、社会のため、世界のために役に立つという意識を持つことにつながっていくのです。

始めはお金を稼ぐことが目的でも、人は必ず何のために研究するのか、何のために働くのか、そして何のために生きるのかを深く探求し始めます。大学という場は、広く学び多くの仲間と出会うことで自らに時間をかけて悩み、じっくりと考えるところなのです。そして、自分が探求したいこと、強く好奇心にかられたこと、使命感を持たざるを得なくなったことに出会えたときに、全てがつながっていることに気づくのです。また、そうあってほしいと願います。

国際救助隊という名称は、その言葉のイメージから救助活動を行なう、何かをやってあげる、してくれるという意味に取られがちです。我々の国際救助隊はあくまでも大学としての国際救助隊です。ですから、研究者や教職員、学生たちが普段研究してきたこと、探求していること、発見・発明の成果を地域や社会に飛び出して、移動教室や実験教室、ワークショップといったアウトリーチを繰り返し社会実験することで、如何に貢献できるかを試行錯誤し、地域社会や一般の人々と如何に絆を作っていくかを互いに学ぶ救助隊なのです。言葉を変えて言うなら、大学の「知」のおもしろさやそのものへの学生たちの好奇心を彼らの目線で伝え、運営できるシステムを築き上げようとするものです。

我々の救助隊がなぜ国際でなければならないのかという意見もありました。これは日本人らしい質問だとつくづく思いました。世界的な規模というよりは国際的な視野にたって国際救助隊の使命をデザインするのは、大学としてあたり前のことだという考えでした。大学のそもそもの意味からすると、中世の頃は学問的知識の伝達を目的とする学生や教師の「ギルド」という内向な団体を指すものでしたが、現代ではそれでは誰も振り向きません。だとしたら、なぜわざわざ国際と命名したのか。それは、この後の文章から理解できると思います。何か新しい研究やプロジェクトを提案し、インパクトのあるものにしようとしたら、やはりネーミングは大切です。

大学には教育と研究の他に「発信」という重要な目的があります。内向な大学から脱皮し、外向に常に発信する大学が社会から求められて久しく時間が経ちました。受験生獲得のための大学広告を目的とした、中身のない発信も目立って増えました。これまでの研究の発信方法は、論文のその専門誌への発表や寄稿、関係学者や学会における学術出版社相手のシンポジウムや研究会等が当たり前だったのに対し、ここ10年でその方法は大きく変わりました。

子どもたちや一般の人々にもっと広く、わかりやすく伝える手法をもって発信というようになり、東京丸の内では、会社帰りのサラリーマンやOLを相手にした発信も行なわれるようになりました。シンポジウムよりもっと身近に感じられるトークショーや実験教室、ワークショップ、サイエンスマジック、サイエンスカフェ、サイエンスバー、科学フェスティバルでは、キーノートセッションやイノベーションハブといった言葉が一般化し、サイエンスコミュニケーションの手法がアウトリーチ活動として次々と実施されました。

こうして、大学の研究も「見える化」しようという試みの現れが続々登場したわけです。これらは社会と科学のつながりが求めたムーブメントとして捉えています。この「見える化」は大学だけでなく、企業でも多く使われるようになりました。同時に、リスクマネージメントやコンプライアンスといった言葉と共に使われることが多くなり、近年ではリスクやコンプライアンスを身近な問題として考えていくために、大学の教育や研究、その評価を「見える化」して、そこに潜むリスクを洗い出すことが重要であると認識され始めました。またこれは、ごく最近起きた研究論文の不正事件騒ぎからも、ますますその重要性が感じられてきています。

「見える化」や「サイエンスコミュニケーション」は、日本ではある意味難解なものをわかりやすく視覚化し説明する手法として使われてきました。また、理科離れ対策のキーワードとしても使われてきました。本研究の代表者も、特に科学と芸術を融合したプロジェクトやイベントの審査には多く関わってきました。その経験から「見える化」も「サイエンスコミュニケーション」もわかりやすくすることだけが、決してその効果を生むのではないことが見えてきました。わかりやすくすることは、説明を受ける側にとってそれ以外を知る可能性にピリオドを打ってしまい、自ら学ぶこと調べようとする努力を奪い取っているのではないかという極端な仮説を意図的に作ってみました。わかりやすくない難解なことでも、美しさや魅力が感じられる表現として感応する伝え方ができれば、それを体験した人は、自ら学ぶことに努力を惜しまないだろうと強く感じました。わかりやすく説明することよりも、美しさやその研究の魅力が共感・共有できる場を創造できなければ意味がないと感じました。このことは、わかりやすく説明するなと言っているわけではなく、相手の気持ちや情動を考えた魅力あるコミュニケーションやリレーションが必要な段階になっていることを言いたいのです。これはこれからロボットの未来にも求められる能力かもしれません。

最近では、「見える化」や「サイエンスコミュニケーション」の手法を、流行っているからというだけで単なる体裁を繕い、研究費をより効率よく獲得するために利用しているだけにしか見えないプロジェクトやイベントも多いのは事実です。しかし、遠隔地や地方の子どもたち、学校の先生や一般の人々が切実に求め必要としている知識や知恵、経験、行動力、絆といったものがあることを、このプロジェクトを通じて強く感じることができました。要は、繕いでも利用でも構わないから、本来の目的が達成でき、世界が今日よりも明日が豊かで明るくなればいいのです。

特に、東日本大震災の福島第一原発事故における政府とマスコミの危うさには、今日よりも明日が暗くなるのではないかと国民は感じています。それでも希望を捨てない心を健全に保とうと必死で支援している人々の祈りと思いは必ず届くと信じています。

東日本大震災後から、大学独自の「知」という資源を発信することの使命感を強く感じ始めました。これこそ国に頼らない「自主創造」の精神に基づいたものであることを改めて確信しました。

このプロジェクトの外向な発信の根幹は、遠隔地や地域の人々の話に耳を傾けることです。そして、大学として何が貢献できるかを考えて実行することです。大学の「知」を資源として如何に還元できるか、そして学んでいる学生たちが地域と接することで、好奇心や関心によってもたらされる内発的動議づけから、目的を達成するための外発的動議づけへと変化させることができるかがチャレンジでした。国際救助隊というネーミングの動議づけはここから出発したわけです。

国内最大の研究領域を誇る総合大学である日本大学が常にデメリットとしてきたのは、現在あるそれぞれの学部が距離的に離れていることでした。つまり、学部間で共同研究をするためには、あまりにもその距離がありすぎて、何をするにも時間がかかることとして敬遠されたのは、その非合理性からであったことは事実です。そして、これはどうにもならないことでした。しかし、このデメリットを埋めるために日本大学は、学部間連携研究の推進やシンポジウム、学部連携ポスターセッションといった、学部を横につなげる研究のお見合いのような取り組みを毎年推進しています。

また、学内広報では、研究者情報の発信を継続的に行なうことによって、今まで距離のあった研究者同士がその研究を知ることができるチャンスを提供してきました。放っておけば、同じ大学にいながらも一度も出会うことがない研究者同士が山ほどいることは事実です。そういう意味では学部間で連携できる研究の可能性の意識が徐々に高まってきていることは確かであり、大学の研究体制が機能的合理化の方向に向かっているといえます。真実を語れば、そうしないと大きな研究費が獲得できない状況になっていることも確かです。研究費を獲得するために必死に他学部の研究者を探すことは、今までのことを考えれば決して悪いことではありません。結果的に良い方向に向かうはずです。むしろ、連携できる研究者に巡り会うための自主創造的行為によって、自らの研究にさらなる創造力が得られるかもしれません。そして、この学部間で連携するという方向性は間違ってはいないと考えています。

総合大学と呼ばれていながらも学部の距離が離れているという事実をデメリットと考えることはやめて、この距離感をメリットに変える方法はないものかと長年模索していたところにあの東日本大震災が起こり、これから本書で紹介するプロジェクトにつながったわけです。

日本大学の「知」を俯瞰で探求し、高いモビリティを実現させるために地域の「災害復興支援」「医療福祉支援」「教育支援」のためのコンテンツを、研究者や学生たちと社会実験を繰り返しながら社会還元する方法を開発することで、世界の舞台で活躍できる人材を育成することにコミットした研究プロジェクトです。

■エヌドットレスキューのグランドデザイン

プロジェクトの正式名は、「N.（エヌドット）国際救助隊による災害復興、教育支援のための学生絆プロジェクト」で、平成24年の秋に研究申請し、平成25年5月に日本大学学長特別研究プロジェクトとして採択されたものです。先ずこのプロジェクトの内容を説明する前に、このプロジェクトの発想の基になったエヌドットの話から始めましょう。

エヌドットは日本大学のシンボルマークで、本研究の研究代表者が平成18年にデザインしたものです。エヌドットは、かなり高い想起性を持った日本大学のシンボルマークとして、その認知度を上げてきました。このエヌドットのデザインが持つ意味には、我々のレスキューに通ずるレトリックがあったことをここでご紹介しておきましょう。

Nの始まりは「誕生」です。生まれて試行錯誤しながら右上がりに上がった2つ目の上の丸が「成功」です。そして人生は、成功ばかりでなく「失敗」を繰り返し積み重ねる3つ目の真ん中下の丸です。そしてハネの部分は「チャレンジ」を啓示しています。人は誰もがチャレンジすることは自由であり、誰もが願う希望であり、生きている意味であることを視覚化しました。誰もが「飛躍」したいと願う力強さを表現したわけです。Nの

右上がりの勢いのいいカスレは、その「飛躍するチャレンジ」「世界の知にチャレンジするパワー」をデザインしました。最後のドットは、実はNの始まりである最初のドットと3番目の真ん中のドットと直径が同じであり、どんなに肩書きが偉くなろうとそうでなかろうと同じ人間であることを啓示しています。

つまり、「初心忘れるべからず」です。物事に慣れてくると、慢心してしまうことがありますが、始めたときの新鮮かつ謙虚な気持ちや志を忘れてはいけないという意味を込めたのです。最後のドットは、「自主創造」を英訳したビー・ユアセルフという意味を表現しました。これがあのN.のロゴマークに込められた意味なのです。

自ら考え探求し行動するための世界に貢献するパワーは、全ての人間に与えられた自由平等なパワーです。当時の総長（現在では学長）のコンセプトとは完全に同じものではありませんでしたが、「自主創造」という意味が完璧なまでにデザインされていることが伝わるからこそ、多くの人々に受入れられているのだと思います。

如何なるデザインをする行為にも通じることですが、大学のロゴマークをデザインする際に最も重要なことは、大学をデザインするという使命感を持つことと、その大学の未来の可能性を愛することです。少々クサイ話に聞こえるかもしれませんが、デザインはデザインをする人の心の現れでもあるわけです。そのデザインにどれだけ情動的にスピリットを込めたものかどうかは、デザインを単に形として見る人にとってはどうでもいいことでしょう。先にも述べたように、想起性と認知度の高さがそのデザインに対する親和性を高めてくれるのです。込められた意味は後からついてくるもので、後に神話性が備われば不動なものとなります。

さて、次にネーミングのデザインの話をしましょう。表向きの、国際救助隊というネーミングの話は先にしました。ここではこのネーミングの裏話です。とはいっても研究申請をする遥か前からあこがれていたネーミングだったせいか、命名することに全く迷いはありませんでした。

「国際救助隊」という壮大なスケールの名称にしようと考えた背景には、実は、子どもの頃の夢とあこがれが反映されています。それは、1965年から1966年にイギリスでテレビ放映され、その後日本でも人気になったイギリスの人形劇「サンダーバード」がモデルになっています。サンダーバードを発想し製作総指揮をしたジェフリー・アンダーソンは、国際的な協力で、科学的な設備を持って救助すれば被害は食い止められるという思いつきから、この人命救助を目的にした国際救助隊を生み出しました。幼い頃からあこがれだった、絶海の孤島が最新鋭の科学技術基地として機能するトレーシー・アイランド。そして、トレーシー一族が地球のあらゆる災害や事故を救助するため、あくまでも私的に出動するサンダーバード1号から5号の活躍する物語は、まさしくこのプロジェクト発想のアイデアスケッチになりました。

国や救助組織では到底対応できない大惨事には、大富豪の私的な組織だからこそ対応が可能になるという発想と、1号から5号の度肝を抜く最新鋭のサンダーバード・メカに子どもたちの夢とあこがれを育むドキドキ感があったことが、私たちの「知」を動かすシステムの創造へとつながっていきました。

全国各地で活躍する100万人を超える校友と、多くの付属校を有する総合大学のスケールメリットを活かすことは、いわば日本列島がサンダーバード基地として機能し、日本各地に点在する日本大学の校友ファミリーがトレーシー一族であるという発想の絆に結びつきました。少々無理はあるかもしれませんが、発想の根源はいつでもそんなものだと考えています。こうしたサンダーバード発想からこのプロジェクトは生まれたのです。

「日本大学エヌドットトレスキュー国際救助隊」とネーミングする前は、単純にサンダーバード計画としていました。しかし､版権や著作権の問題が浮上し､それとあまりにもストレートなネーミングであることが理由で考え直すことになりました。それでも国際救助隊だけは日本語として命名しようということになったわけです。偶然ですが、このプロジェクトの完結する今年、平成27年は、特撮人形劇「国際救助隊サンダーバード」が誕生して50周年を迎えた記念すべき年になりました。

ネーミングが決まれば、次はこのプロジェクトのシンボルとなるロゴマークの制作です。N.と同じ大学の基本色の緋色を使い、1色でデザインしました。コンセプトは大学の「知」の親和性と信頼感、そして行動力です。行動力はスイスで有名な歴史的山岳救助犬のバリーというセントバーナード犬をイメージし、犬のキャラクターをデザインしたエンブレムデザインを考案しました。世界に貢献するというキャッチコピーを入れ込み、大学名が明確に伝わる想起性の高いシンボルロゴマークが完成しました。我々のプロジェクトを支えるシンボルの完成です。

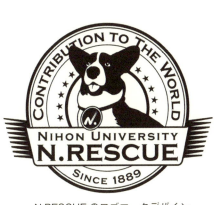

N.RESCUE のロゴマークデザイン

大学の研究というと、発明・発見につながるような新しい研究や先端的な研究のようなイメージが一般的にはありますが、このプロジェクトでは日本大学のあらゆる「知」を結集し、つなげることを理想として、日本大学の様々な研究を探求することから始めました。つまり日本大学の研究を、学部を問わずコレクションし、それぞれのコンテンツが横につながる可能性を見極める仕事が研究代表者の役割でした。日本ではまだ珍しい、研究コーディネーターの仕事です。我々はこの職能が総合大学には絶対的に必要だと考えていました。

日本大学のように各学部が離れた場所にある総合大学では、学部、学科、研究をつなげ、研究者、学生をつなげ、校友、付属高校、大学をつなげ、一般と大学をつなげる機能と、それぞれをコーディネートする人材が重要な役目を果たします。そして、そこに魅力的なブランディング・アイデンティティがあれば、頑強な求心力を生むことができるという可能性に賭けました。

プロジェクトのシンボルマークがフラッグで、大学の「知」がフラッグシップだとしたら、研究コーディネーターはキャプテンというような置き換え方ができるのではないでしょうか。ここでは仮にこう置き換えてみました。

プロデューサーとして教育・研究の「知」をコレクションし、リストアップすることはこの国際救助隊の心臓部を作ることでした。コレクションをしているうちに気づいたことは、集めた教育・研究の「知」の特徴を、いくつかの大きな分野に分けることができることでした。

日本大学のネットワークを活かした地域問題の解決と防災、災害復興のための「災害復興支援」、医歯薬系の学部が連携できる「医療福祉支援」、すべての学部が連携でき、先端的な科学技術や社会科学のおもしろさを伝えることができる「教育支援」と、大きく分けて3つの分野に整理しました。この3つの支援を柱にすることでコンテンツを選びやすくし、目的を発信しやすくしました。

共同研究者20名の協力によってできたこの膨大な量のコンテンツには、多様性と知的好奇心を駆り立てるキーワードが盛り込まれ、やはり総合大学のおもしろさと強みはここにあるという感を得ました。これらのコンテンツを如何に多くに知らしめるかを考えたとき、同時多発的効果を目標に直ちにホームページを制作し、国際救助隊の目的・使命・スケジュール・活動報告を掲げ、整理した64の支援コンテンツをアップしました。これでこのプロジェクトへの人々の好奇心を誘う準備ができました。

研究者同士の情報共有と研究の理解推進活動の基地として、ホームページ、フェイスブックによる発信は大変効果が上がりました。ポスターやフライヤーによる広報も行ない、専門誌やメディアの取材も積極的に受入れるスタンスを取りました。出動依頼に対してどうしたら応えられるか、ホームページを通して臨機応変に考え、問題発見と解決のプロセスを繰り返す実験が、将来の活動につながる実感を得ました。フェイスブックの求心力と人のつながりの拡散性を、このプロジェクトから実感できました。

このプロジェクトのもうひとつの核となる学生の育成ができる新しい仕組みを作るためには、遠隔地で社会実験ができるフラッグシップとなる「スマートモビリティシステム（ＳＭＳ）」を開発し、64の支援プログラムを実践する国際救助隊を大学のシステムとして稼働させることが本来の目的でした。

私たちのいうこの「スマートモビリティシステム」とは、大学の目的である教育・研究の成果としての「知」を動かすシステムのことです。モビリティという本来の意味の普及も含まれています。「知」を動かすということは、研究者や学生、民間レベルのネットワークのように見えない力も含めて、機能性や移動性を持った創造的な機動力のことをいいます。「モビリティ」というキーワードは、見栄えや形よりも、人々のホープやスピリットに支えられるところが大きいのです。

すべての発想の基は、サンダーバードです。サンダーバード1号にあたる被災地や遠隔地で円滑な支援活動が実現できるためのスマートモビリティをシステムとして開発・運用することも、同時に完成させなければならない重要なミッションでした。

本研究で当初提案したスマートモビリティシステムは、災害時の救助や復旧支援のための装置や、医療支援、教育支援のための機材を搭載して被災地や遠隔地に赴き、現地で迅速な活動ができるよう荷台部分を改良した大型トラックと、それを合理的に運用するための管制システムを含めた総称でした。

こういった支援は、東日本大震災の際に単発的には活用されていましたが、現地の物流会社の調査で合理的な運用が困難であったとの意見も多く聞かれ、これらを投入する際の運用・管理方法を検討する必要があると考えたわけです。そして、本研究の期間を通じて、これらの災害復興・医療福祉・教育支援活動実施のためのフラッグシップとなるスマートモビリティシステムを開発導入し、実地検証を行ない、研究機関終了後も運用・活用できるかたちにする必要があると考えました。そして、日本大学で運用可能なモビリティを先に生み出した64の支援プログラムから考えてみることにしました。

理工系を中心とした救助支援活動、復興支援活動機器システム搭載車としての「災害支援モビリティ」。医歯薬系、生物資源科学部による医療支援福祉活動機器システム搭載車や、テレラヂオロジーテレパソロジーによる遠隔診断モビリティ。将来的にはダビンチなどを用いた遠隔手術支援システムの導入を考えた「医療福祉支援モビリティ」。芸術学部と理工系、文理、商学部、生物資源科学部などを中心とした教育支援システム搭載車としての「教育支援モビリティ」。これらを設計、導入・活用して連携可能な遠隔地や地域との復興・教育支援の社会実験を展開するという目的にたどり着きました。

研究費があるからといって、これらの計画を運用・管理するのは容易なことではありません。しかし、このプロジェクトの共同研究者であり一緒に計画を企んでくれた、理工学部の青木義男先生の紹介で、茨城県土浦市にある株式会社五光物流さんと出会ったことで大きなブレイクスルーを引き起しました。我々が第一段階で目指すスマートモビリティの開発に全面協力していただけたことで、連携体制が築けたことは最大の成果でした。

小林章三郎代表取締役社長、柳澤茂常務取締役、このお2人の協力と理解がなければ成し得られなかったプロジェクトとなりました。ハードの導入から管理・運用までを一括請け負っていただけたことは感謝に絶えません。五光物流さんは、東日本大震災時に救援物資を運ぶためにどこよりも迅速に支援活動をされた会社でした。このプロジェクトへの理解もその経験から賛同いただけたものと思っています。

我々の目的と意図を聞いていただき、理想通りのスマートモビリティクラフト1号（SMC－1）が連携協力の基の導入に合意していただきました。五光物流さんから車体を作ってくださる茨城ISUZUさんへ、細部に至るまで指定を可能にしていただきました。車体はISUZU・ギガ、スーパーGカーゴ、荷台部分の内寸は10メートルという超大型オープンウィングのトラックをフルオーダーでデザインすることができました。

SMC－1には、日本大学の教育理念と目的である「自主創造」をアピールするインパクトあるデザインがどうしても必要でした。これには日本大学エヌドットトレスキュー国際救助隊のアイデンティティを強烈に示す必要性を感じたので、N.のデザインコンセプトの流れを汲んだ外観のラッピングデザインを展開しました。学生があこがれ、自校愛に結びつく、求心的かつ機能的なカッコ良さと親しみやすさを備えたデザイン要素が必要でした。国際救助隊のシンボルマークは

スマートモビリティクラフト1号（SMC-1）の完成時

既に完成していたので、大学のシンボルマークと如何に融合させたブランディングデザインにすることができるかが課題でした。N.のイメージを強調するようにストライプを基調にしたのは、流れと躍動、スピード感です。つまり、モビリティをシンボルイメージにしました。

単発なイメージで終わることのない、人々の印象に残るデザイン。稼働させ支援している側にもプライドが持てて発進力を感じさせるデザインを理想にしました。

SMC－1が工場で作られている間に、計画当初のラッピングのアイデアスケッチが徐々に理想のデザインに近づいて行き、SMC－1のラッピングデザインは1か月程で完成しました。モビリティシンボルの機能性と演出力を備えたサンダーバード2号に価する日本大学N.国際救助隊SMC

－1が、5か月を経て平成25年11月1日に誕生しました。そして、日本大学のグランドデザインに一役買える存在を目指しました。

■見えないモビリティから、見えるモビリティへ

残念ながらSMC－1は、サンダーバードのように空を飛んだり、海に潜ったり宇宙に行くこともできませんが、オープンウィング14トンのSMC－1はかなりインパクトのある想起性の高いものになり、一気に関心が高まりました。しかし、このSMC－1の使い勝手を支援することだけが目的なのではなく、SMC－1を使って社会実験する方法や発信する方法を考え、研究者と学生が動くことで貢献の絆が広がっていくという、まさにモビリティな思考でイノベーティブな活動を生み出すことを大切にするプロジェクトなので、SMC－1の完成で浮かれているわけにはいきませんでした。このフラッグシップを如何に活用し運用するか、如何に広めるか、そして次のサンダーバード3号、4号に相応しいSMSをイメージすることが、何らかのかたちでこのプロジェクトを継続させるための目標になるものであることを意識しました。

SMC－1が完成するまでの半年間は、SMC－1を使わなくてもできる支援の可能性を社会実験するための期間でした。64の支援プログラムにないものも、この期間の支援活動から生まれました。

ヨコハマ・ヒューマン&テクノランド２０１３（福祉機器関係展示会）参加、緊急通信システムの実証実験と２０１３年宇宙エレベーターチャレンジ（ＳＰＥＣ２０１３）、気仙沼の水産加工品の新商品提案プロジェクト、第５回東京国際科学フェスティバル２０１３参加イベント「中学高等学校における先端ロボット技術展示と操作体験」と、ＳＭＣ－１がなくても、こういったプログラムを社会に還元することができました。

また、気仙沼の漁業組合から支援依頼のあったプロジェクトは、芸術学部デザイン学科の布目幹人先生と生物資源科学部の鳥居恭好先生が学生たちとのコラボレーションで、２泊３日で水産加工品新商品を提案するために、現地へバスで赴いたというものでした。このプロジェクトは今まだ継続しています。デザインを学ぶ学生が気仙沼に行き、震災後の被災地に接し、その創作意欲を引き出させたものは、彼らの心に自然に沸き起こった絶望感だったような気がします。その絶望感を希望に変えようと必死に提案する意欲は、これからの彼らの未来のために忘れないでほしいと願っています。

ＳＭＣ－１がなくてもできること、ではなくＳＭＣ－１があることでより地域に効果的で、喜ばれる支援ができることを理想にしようという思いが強くなりました。

これらの還元支援に、見える形でデザインという付加価値を付与することは、大きな求心力を持たせ存在感と機能性という意味からひとり歩きできることがわかりました。手放した状態でも大学のシステムとして共有できる存在感と共感する機能性は、この巨大な総合大学をひとつにする正しくフラッグシップとなったのです。SMC－1はそんな存在になったと思っています。

当初、2台のモビリティクラフトを運用したいと考えていました。1台はSMC－1のような万能クラフトで、2台目は遠隔地で医療支援を可能にする通信システムを備えた小型のクラフトでした。これなら山奥の過疎地や被災地でも活動ができるのではないかというイメージを持っていましたが、限られた予算の中で医療支援が不自由なくできるだけの設備を積んで運用することは、難しいことがわかりました。

SMC－1は移動教室、実験室、診療室、表彰台、舞台、実験機材・教育システムの運搬に使用できます。ホームページに記載されていますが、60インチHDモニター、発電機2台、AV・照明機器、イベント用スピーカー、実験教室用の机と椅子などを装備し、ワークショップや移動教室では30名の参加者が活動できるだけの機材を搭載したデザインにしました。

SMC－1の最初のデビューは、平成26年11月10日のお台場、日本科学未来館で行なわれた第8回サイエンスアゴラ2013でした。サイエンスアゴラは、独立行政法人科学技術振興機構が主催し、毎年行なっている日本最大のサイエンスコミュニケーションの科学技術理解推進イベントです。

実験・工作教室やサイエンスショー、展示デモストレーションなどの科学の知識や楽しさを伝える企画から、ワークショップ、討論会などの科学についての対話を通じてよりよい将来社会をつくるための企画まで、約230件の多種多彩な企画が出展された中のSMC－1の参加でした。そういう意味では、華々しいデビューとは言えないものの、日本の科学技術振興を担う人々や高校生、子どもや親子、一般に広くアピールできました。

サイエンスアゴラは2年続けて出展したことで、移動教室としての存在感を示すことができました。多様な機能をもった実験教室として、またはSMC－1がどう使えるかを検証できたことは大きな成果として記録できました。

第9回サイエンスアゴラ2014では、歯学部の白川哲夫先生による「歯垢とその中の細菌を観察しよう！」、生産工学部の内田康之先生と学生たちによる「災害用段ボールトイレの作り方」、理工学部の青木義男先生による「近未来のロボット&モビリティを体験しよう！」、そして生物資源科学部の古川壮一先生による「微生物の観察実験をやってみよう！」の4つのプログラムで構成しました。

「歯垢とその中の細菌を観察しよう！」では、子どもたちの歯に潜む細菌を採取してモニターで観察するというものでした。実際に自分の歯垢にいる細菌が動いているのを見ることは結構ワクワクすることで、その後、正しい歯の磨き方を学ぶというプログラムでした。「災害用段ボールトイレの作り方」は、500ミリリットルの水のペットボトルとそれが入った段ボールのパッケージを2つ縦に使って災害用のトイレを作るワークショップでした。被災地では水が備蓄してあり、これを利用してトイレが誰にでも作れることを支援しようとしたものでした。「近未来のロボット&モビリティを体験しよう！」では、当日の雨が懸念されたため、ロボット&モビリティを持ってくることができず中止になり、モニターでの近未来モビリティの講義となりました。「微生物の観察実験をやってみよう！」は、2年連続のワークショップでいろいろな微生物の色や匂い、種類を観察し、微生物をより身近に感じるという体験でした。

災害、細菌、未来、微生物といったものは当然目には見えません。顕微鏡を使って目に見えるようにしたり、理想の未来図を人々に提案したり、災害時の対処の仕方を解説するだけでなく、一緒にやってみる、作ってみることで共感と共有のコミュニケーションが生まれていきます。人と人との絆は、上下に関係なく寄り添うことで化学反応を起こします。

よく考えれば共感、共有、絆といったものも見ることはできません。これらは感じるものなのです。機能性や移動性を持って創造的な「知」を動かすモビリティの高い社会を作り出すことは、見えるものも見えないものも人々のホープとスピリットに支えられていることは既に述べたことです。実はここが最も大切な部分であり、共感できるところだと思います。

■国際救助隊の使命と役割

ロジスティックの可能性やモビリティの高い社会を創造するための社会実験を蓄積し、教育・研究の成果を魅力的に発信していこうという共感があってのこのプロジェクトでした。どこまでモビリティの高いプロジェクトに育てることができるかは、このプロジェクトの重要な挑戦でした。

災害時の通信システムや宇宙エレベーターの技術開発、水上飛行機を使った水上ネットワーク構想とフロート滑走路の実用化、新しいエネルギー開発や遠隔医療システム、ロボティクスや消毒予防接種などによる感染症対策の啓蒙、放射線障害に対する正しい理解と予防法の啓蒙等々、日本大学には優れた研究活動が数えきれないほどあり、枚挙に暇がありません。

生物資源科学部による生物多様性保全や生態系保全、その健全化の教育支援や食品科学、栄養化学、生物学の出前実験講座の教育支援活動、それから動物の絶滅危惧種や獣医学分野の技術・知識の教育支援などもできます。

2年間でこれらすべてを網羅することは到底できませんが、ＳＭＣ－１を出動させたイベントや民間や地域における活動から多くの社会実験ができました。

災害があったらどうするかではなく、災害国日本の安心・安全を支援するために、国際救助隊を大学のシステムとして未来に残し続けていくことが、大学の生き残るひとつの道であると感じたのは、東日本大震災によって発生した福島第一原発事故が残した人類への警告からです。想定外は必ず起こる。先端科学技術の信頼性の完全喪失という事態を思い知ったわけです。ここでいうシステムとは、人の絆のこと。学生と大学の絆のことです。支援するとは、その場を改善するために何でもかんでも提供するのではなく、信頼関係を築くための対話や議論を誘発し、共感と共有のコミュニケーションを作り出すことを意味しています。また、これだけ混沌とした世の中で、如何に若者たちが目標を持つか。如何に夢と希望を持つかということが、私たちはどれだけ大切かがわかっています。

考えてみたら、最近はスマートフォンの影響で、下を見ることが多くなっています、電車の中でも家の中でも、人と話していても手元を見ることが多くなっていることにも気づいてないかもしれません。夢や希望を想像するとき、常に上を見ていたことを思い出しました。遠くを見たり、空を見上げ宇宙の果てを想像したりと、メールに取りつかれる前はよく上を見ていた気がします。空を見上げて妄想に耽っていた気がします。

「知」を動かすこの「スマートモビリティシステム」には、下を見るような内向きの力よりも上を見る、空を見る外向きの力が働きます。外向きの力は夢であり希望です。大学や研究室を飛び出し、分野や知識のレベルを超え、物理的な時間と空間を超えてこその「スマートモビリティ」なのです。

大学の使命は、言うまでもなく教育と研究です。経験から得た「知」の集積は尊大であることから、教育と研究のプロセス、蓄積、そして発信が大学の役割であると考えています。しかし、これに加え、これからは教育と研究の成果を社会に還元し、さらに国際社会で活躍できる人材育成を行なうことに世界がシフトしていくのは明らかです。重要なのは継続することに加え、その質を高めていくことです。

アメリカの総合大学には、消防署やレスキュー隊などを教育・訓練する機関や活動施設があり、キャンパスに限らずその町全体の安心・安全を確保できるシステムを実動させているところが多くあります。大学の心臓部にサンダーバード基地があるようなものです。

私は災害復興や防災の専門家でも研究者でもありません。デザインが専門ですから、デザインというフィルターを通して災害復興や教育支援のためのコミュニケーションのあり方を東日本大震災がきっかけで考えるようになりました。デザインの発想をサイエンスコミュニケーションの実践的手法と融合させ、教育・研究の成果を社会実験することで地域に還元できるシステムをナビゲートしてみようと思いました。

図は、日本大学の最大の特徴である100万人の校友、付属高校、企業、そして学生と大学の絆が強く連携したスマートモビリティシステムの最初のベーシックチャートです。要望があった

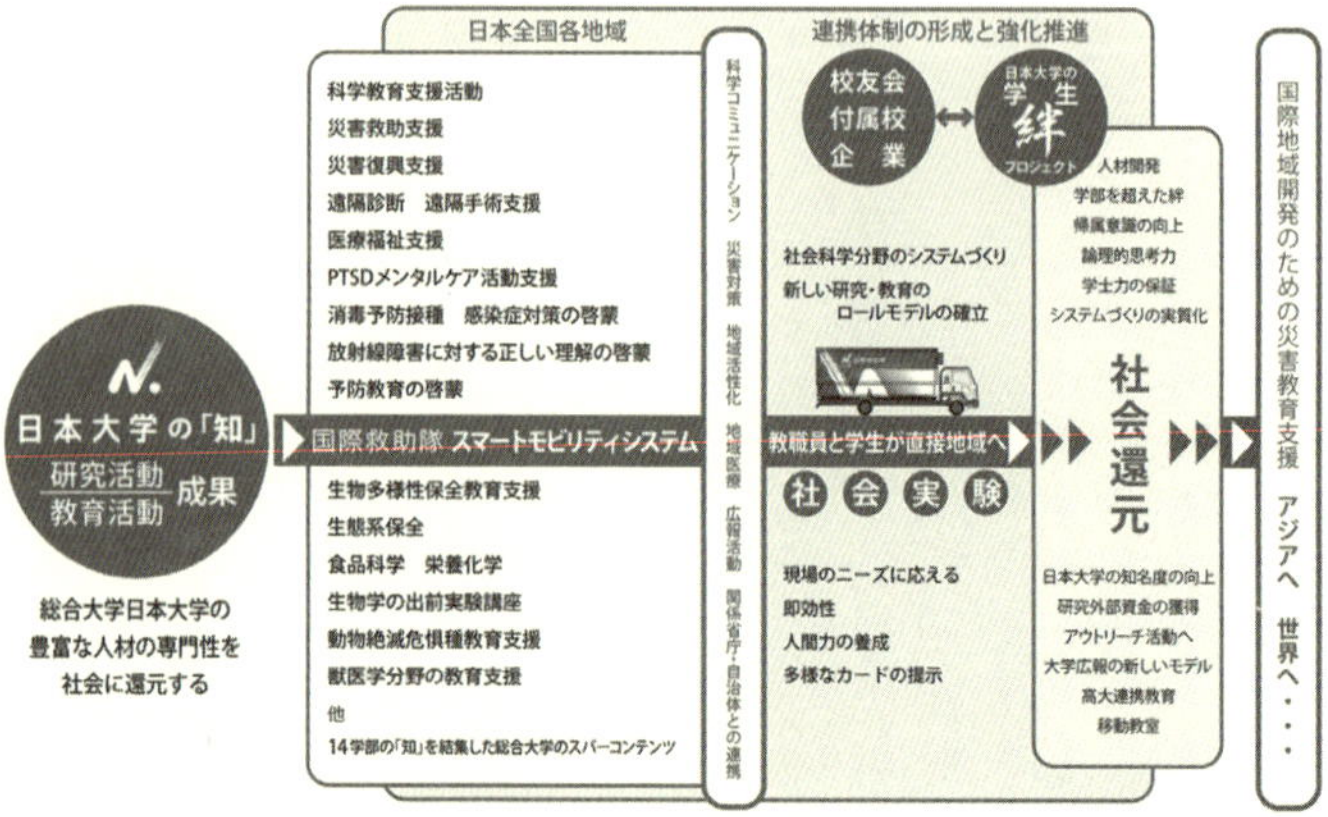

スマートモビリティクラフト1号（SMC-1）の完成時

地域へ赴き、複数のワークショップや教育支援を組み合わせて、移動教室や実験教室などのイベントを実施し、学生たちと共同で地域の問題に取り組むことで、問題解決に必要な「創造力」の育成につなげていくといったイメージを「共有」することから始めました。

魅力あるコンテンツデザインの制作プロセスを蓄積し、発信することが重要で、当初20名の共同研究者が64のコンテンツを創作し、1年で33名の共同研究者にまで増え、90を超えるコンテンツに成長しました。

日本大学「自主創造」の理念は、元々モビリティ発想の言葉であることが理解できます。SMC－1を使った活動は、求心的でありながらも拡散的であり心をひとつにするパワーがあるという意見

平成25年度 日本大学学長特別研究

日本大学 N.国際救助隊

NIHON UNIVERSITY N.RESCUE エヌドットレスキュー

N.(エヌドット)国際救助隊による災害復興、教育支援のための学生絆プロジェクト

N.国際救助隊は，総合大学として様々な専門分野の豊富な研究成果と教育実績を有する研究者，学生が学部横断的に個々の英知を結集して，被災地や遠隔地での社会実験や支援活動を展開します。特に，一般市民や地域の子どもたちに向けたアウトリーチ活動を大切にし還元することが重要です。日本大学は各学部に距離はあるものの，校友会やOB/OGが活躍する企業，付属高校が全国に数多く点在していますので，これをメリットに変え，フルに活用できるシステムを構築していきます。この研究は日本大学の「知」を活かし，地域性に応じた災害対策や地域活性化，地域医療や遠隔医療，代替エネルギー開発や教育のロールモデル確立につなげていきます。下記のプログラムを複数組み合わせ，求められた場所へエヌドットレスキュー・スマートモビリティクラフト１号と共に出動します。全国各地どこからでもお気軽にご相談ください。

災害復興支援プログラム

01）震災復興と水上空港ネットワーク活用研究　首都圏から遠い三陸沿岸や離島への交通手段や，災害によって陸路が絶たれた場合の救援・医療物資などの搬送に活用できる軽量水上飛行機とその運用管制システムの開発と社会実験等です。02）ブローブクライマーを使った環境計測とリモートセンシング　宇宙エレベーターシステムとして開発したバルーンテザーシステムを活用した被災地環境計測やリモートセンシングシステムについて，地域と協働で開発を行う研究プロジェクトです。03）ゼロエミッションエコトイレによる農地復興モデルの基礎研究　宇宙技術から開発された電気・水道・下水設備がいらない農地用エコトイレによる社会実験から災害復興に役立つ研究です。モンゴルでの実証実験を行っています。04）超小型漂流ブイによる災害モニタリングシステムの開発　超小型漂流ブイを活用した海洋環境モニタリングによる災害状況モニタリングと災害予測に関する基礎研究です。水上空港ネットワーク構築の際の航空管制への応用研究も行われています。05）洋上風力発電用メガフロートの構造ヘルスモニタリングに関する基礎研究　津波対策や洋上風力発電用に利用する目的で開発中のメガフロート（大型浮体構造）の長期間の耐久性と保全性確保のための自動メンテナンスシステムの構築と基礎実験を行っています。06）バイオマスエネルギーの研究成果支援　籾材を炭化し，その家庭で排出されるガスを圧縮して生活用燃料もしくは，自動車として活用できるようなパイロットプラントを作り実用化支援をします。炭は熱源として活用し，地域一体で利用する熱源とします。併せて熱源を植物工場とリンクさせ，安定的かつ無農薬・有機栽培による安心安全な食糧供給を副次的に行える実証プラント群を作り，応用的な研究支援を行います。また，下水を使ったマイクロ水力発電や温度差発電，なまずの油を使ったバイオ燃料開発，バイオマスエネルギーの発酵生産，発酵食品の共同開発など様々な研究を支援します。07）被災して動かなくなった時計や思い出の時計の修繕支援　エプソン販売株式会社との連携で行なわれる時計復活支援プログラムです。時計の状況に沿って持ち主とのコミュニケーションを図り，時計に込められた思いを復活させ，技術に終わらないプログラムです。08）地域資源を活用した地域間連携プログラムの開発　地域の地場産業，伝統工芸，特産品，観光資源等の地域資源を活用したコラボレーション商品開発，新規事業構想，ブランド構築を支援します。09）地域資産の見える化支援　「小学生記者」を募集し，彼らの視点から町の良いところ取材してもいます。例えば，お年寄りの知恵袋，秘密の遊び場，お気に入りのお店等従来あった隠れた地域資産を小学生の目から再確認します。その情報に地域資産マップを作成しフィードバックするという支援です。10）市民活動との協働支援　過去の災害多発地域と他の自治体を，N.100万人ネットワークで結びつけ，市民活動を軸とした相互扶助のプラットフォームとします。11）国際地域開発のための災害支援　被災地の高校生と外国の災害多発地域（例：スリランカ・東南アジア諸国）の高校生をSkypeや動画を使用して繋ぎ，日本と世界の新たな繋がりを生み出します。12）レスキューロボットとバトルロボットデモンストレーション　災害救助活動に活用する救助ロボットと瓦礫撤去ロボットの開発を行っている研究チームが，被災地に赴き，災害の現場で役立つロボットを協働で開発・社会実験していく取組みです。13）ロボット大運動会とダンスショー　人型や動物型の複数のロボットがダンスや障害物競争，縄跳びといったユニークなパフォーマンスを演ずるショーで，ヒューマノイドロボットの研究チームが開発した教育支援プログラムです。14）光と磁力と電気の科学実験手品ショー「日大じけん」　最先端の物理科学はマジックショーのように不思議な現象を引き起こします。学生達の考案した科学実験手品ショーです。「日大実験」はまさに「一大事件」です。15）宇宙エレベーターデモンストレーションと操作体験　この夏，世界最高高度1200mに到達した宇宙エレベータークライマーの昇降デモンストレーションや，ラジコンカーを改造した宇宙エレベーターモデルの操作体験を行いながら，宇宙技術について楽しく学びます。16）セグウェー体験とセグウェーがある復興まちづくり　現在，世界中で新しいパーソナルモビリティとして注目されているセグウェーの操作体験と共に，災害復興のための活用方法を考えるプログラムです。17）ストリートダンスショー　学生で構成されたダンスチームが，小・中学校の生徒，先生向けにストリートダンスを指導しながらショーをお見せします。18）インクジェットプリンターの分解から学ぶ支援　エプソン販売株式会社との連携で，プリンターの内部構造，仕組みについて分解しながら理解するワークショップです。19）ブローブクライマーを使った環境計測とリモートセンシング　宇宙エレベーターシステムとして開発したバルーンテザーシステムを活用した被災地環境計測やリモートセンシングシステムについて，地域と協働で開発を行う研究プロジェクトです。20）環境エネルギーやバイオ燃料を活用した発電システムの開発　災害現場や環境破壊が生じている地域特有の環境を活かした発電システムの開発研究プロジェクトです。茨城県の霞ヶ浦などで社会実験が開始されようとしています。

医療福祉支援プログラム

01）PTSDに対するメンタルケア活動支援　災害で心に傷を負った方々に，地域の精神科医・心療内科医など専門家による適切な医療を受けられるように支援します。02）正しい手洗いとうがい，消毒，予防接種などによる感染症対策の啓蒙　ハイチの大地震後にコレラが大流行し，地震による直接被害以上の死者を出しています。衛生状態の悪化した被災地で，被災者が感染のリスクを免れるように，正しい手洗いやうがいなどの個人衛生，食品や上下水，汚物などの消毒，感染予防のためのワクチン接種について啓蒙します。03）放射線障害に対する正しい理解と予防法の啓蒙　目に見えない放射線はその害を的確に認識することが極めて重要ですが，必要以上に危険性をあおったり，流言飛語に惑わされてはなりません。原子炉事故などによる放射線被曝のリスクと，その予防について一般の方々に的確な理解をしていただくように支援します。04）医療支援福祉活動機器システムと遠隔診断支援研究　医師は患者さんに対して最善を尽くす責任がありますが，被災地の限られた医療リソースのなかでまた，専門外の患者さんに対して必ずしも十分な診断を下すことができないことが予測されます。レントゲンやエコーなどの画像診断，血液検査データを日大医学部に転送し，当該領域の専門家の意見を仰ぐことで高度の診療が可能となると考えます。05）歯学研究者によるご遺体の個人識別　歯は生体内において最も固い組織です。また，歯の治療は各人で全く違います。このような口腔内の種々な情報を頼りに，身元不明者の個人識別を行います。06）一般歯科治療　持ち運び可能な簡易の歯科治療機器を導入し，被災した方々で，入れ歯や歯痛に苦しむ患者さんの歯科治療を行います。07）小児および老人患者に対する口腔内ケアと歯ブラシの指導　小児および老人では，災害による様々な環境変化によって，"口から食事をとる"という行為ができなくなったり，あるいは口腔の衛生状態が極端に悪くなることがあります。このような，状況を改善するために口腔ケアを積極的に推し進めます。08）バリアフリーなまちづくりについて考える体験　車いすでの街中バリア体験を通じて，車いすやシニアカーでどこにでも行けるまちづくりを考える取組みです。生活空間のバリアフリー化は高齢化社会での福祉活動として重要な取組みです。09）高齢者と学生，校友，付属高校との連携支援　地域のお年寄りと学生，地方の校友，付属高校の生徒が語り合える連携支援企画を大学生が企画し，コミュニティカフェを支援します。

教育支援プログラム

01）ロボット製作と操作体験を通じたものづくり教育支援　小型の4足歩行ロボットの製作，プログラミングや操作体験を通じてロボット開発を学びます。これからのものづくりにはロボット技術は欠くことのできない技術です。02）宇宙エレベーター・宇宙ロボット製作を通じた宇宙開発技術教育支援　レゴブロックを使った宇宙エレベーターや宇宙ロボット製作しながら，宇宙開発の新しい方向性を学ぶプログラムです。毎年開催されているレゴ国際競技会（WRO）への教育支援も行います。03）船橋地区ヘイケボタル復活プロジェクトを通じた環境保全教育支援　千葉県で絶滅したといわれているヘイケボタルを復活させるプロジェクトへ参加している学生の実体験を通じて環境保全の基礎知識を学びます。地球との共生はこれからの重要なテーマです。04）災害レスキューロボット実機デモを通じた極限環境技術教育支援　災害救助活動に活用する救助ロボットと瓦礫撤去ロボットの開発を行っている学生達が，レスキューロボットデモを通じて，極限環境で必要な技術や知識について学ぶプログラムです。05）電気・電子・光のマジックショー（日大じけん）を通じた物理教育支援　最先端の物理科学はマジックショーのように不思議な現象を引き起こします。学生達の考案した科学実験ショーを通じて最先端の物理科学を学ぶプログラムです。06）人エイクラ作りを通じた食の安全教育支援　日本の高い食品加工技術によって本物そっくりの人エイクラが作られています。実際に作ってみることで，どのような材料でできているのか知り，食の安全性について考えます。07）パーソナルモビリティ体験を通じた交通まちづくり教育支援　現在，世界中で新しいパーソナルモビリティとして注目されているセグウェーの操作体験と共に，参加者の身の回りでの活用方法を考える教育支援プログラムです。08）身の回りや学校での事故事例から学ぶ安全教育支援　家庭や学校での事故については，小中学校では学ぶ時間が限られています。先駆的な自治体や教育委員会などで行われている安全対策（予防安全）について好事例や取組みを紹介するプログラムです。09）身の回りのバリア体験を通じた福祉教育支援　小学生に身近なモノを使って高齢者の疑似体験をしてもらい，高齢になるとどのような障害（バリア）が身の回りにあるか実感してもらい，何がどのようにあれば良いかを考えます。10）環境発電（エネルギーハーベスティング）実験を通じた環境技術教育　東日本大震災の教訓から自然エネルギーを使った環境発電が注目されています。様々な環境発電実験を通じて，これからの環境技術教育を考えるプログラムです。11）ウェアラブルコンピュータ製作体験を通じた情報技術支援教育　最先端の組込技術を活用したウェアラブルコンピュータの製作体験プログラムです。最先端の服飾デザインはウェアラブルコンピュータとの融合の時代がきています。12）パソコン・携帯電話解剖体験を通じた情報技術支援教育　身の回りの情報機器は大変便利なものですが，その仕組みはどうなっているのでしょう？パソコンや携帯電話の解剖体験を通じて情報機器の中身を理解すると共に最先端の情報通信技術を学ぼう。13）拡張現実（Augmented Reality）実験による先端ICT教育支援　ゲームやアパレルなどを中心に様々な分野で応用されるようになってきた拡張現実（AR）技術。実際のARデバイスを使って，最先端の拡張現実を体験しながらICT技術について学びます。14）鉄道モデル操作体験を通じた交通まちづくり支援教育　鉄道研究会に所属する学生達によって製作された本格的な鉄道モデルの操作体験を通じて，鉄道交通システムについての基礎知識を学ぶ楽しいプログラムです。15）生物の仕組みから生まれたマイクロロボット体験によるものづくり支援教育　最先端のMEMS（メムス）技術から生まれた五円玉の穴の中に入るサイズの極小マイクロロボットのデモンストレーションを体験しながら生物の体の仕組みや集団活動について学ぶプログラム。16）災害支援における食品分析の教育支援　食を取り巻く化学物質，特に食品添加物・残留農薬・栄養素・機能性成分に関する食品の安全性と食品分析の重要性についてお話しします。―食品科学，栄養化学，生物学の出前実験講座。17）食品と栄養の科学　様々な食品の栄養性と機能，私たちの健康との関わりについて，身近な食品や各地方の伝統食も取り上げながら，わかりやすく解説します。簡単な体験実験と組み合わせることも可能です。18）食べ物の色を調べる実験を通じた教育支援　食べ物の色を調べる実験（pH，ペーパークロマトグラフィー）を通じて，実験の楽しさと食品の安全性について学びます。19）食品に関わる微生物とその働き　食品に関わる微生物とその働きについて，特に発酵食品などに関わる微生物とその働きについて伝えます。また，発酵食品そのものについてもお話しします。20）食品に関わる微生物の観察　食品に関わる微生物について，特に伝統的な発酵食品などに関わる微生物を中心に観察します。このことを通して微生物の働きと発酵への理解も深めます。21）食品デザインの開発支援　地産食品や伝統的な地域の食品を通じて，地域の活性化を図るためにパッケージデザインやプロモーション，新商品の企画開発の支援をデザインのチカラでサポートします。22）コンサートや地域お祭りの支援　学生ミュージシャンによるミニコンサートや，地域イベント，フェスティバルへの支援と高校生音楽活動とのコラボレーション演奏など（コンピューターDJプログラムも提供できます）23）ヒップホップダンスの教育支援　小学校の先生向けに，ヒップホップダンスを芸術学部のクラブ活動チームが安全性を踏まえて，分かりやすく指導します。24）ドーム型移動プラネタリウムによる科学教育支援　エプソン販売株式会社との連携協力で，エアドーム型の移動プラネタリウムを上映し，宇宙と星の美しい世界に興味と好奇心を持ってもらうような星空教育支援をします。25）3D映像による科学教育支援　驚異の自然，地球ドキュメンタリー映像を3Dで楽しむコンテンツを提供します。26）音楽と映像を使った教育支援　芸術学部の教授による，ボーカロイドと生演奏によるサブカルチャー演奏とワークショップ，子どもから大人まで楽しめるエンタテイメントプログラムです。27）学生落語による高齢者とのコミュニケーション支援　学生落語による高齢者，被災地施設への支援を行ないます。笑いによる癒しの時間と空間を共有し，コミュニケーションの場づくりから笑顔を創出していきます。28）モビリティシステムを使ったイベント支援　モビリティシステム１号機トラックを舞台や表彰式のお立ち台として使用できる機能があるため，地域のイベントや催物での支援に貢献します。29）災害からの復興のための商品開発デザイン支援　災害からの復興に向けて何を商品化したらいいか？その地域の産業＝特産物，技術，お店等を地域の子供たちと普段から話しあい，災害を受けた時を想定して，復興のために何をデザインし，商品化すべきかを考えます。30）学生による演劇活動教育支援　演劇学科の学生による，中学，高校生への演劇・演技指導と絆づくり，中・高校生の演劇活動への教育支援とアクターズ・カフェを支援します。31）生物多様性保全や生態系保全の健全化を目的とした教育支援　野生動物保全に係る新たな学問領域の保全医学（Conservation Medicine）に関して教育支援をします。生物多様性や生態系の保全および健全化がミッションです。32）環境保全のための教育支援　環境破壊について教育する前に，自然と結びつくことの大切さや，自然を愛することの重要性を学ぶ機会をつくります。歪んだ環境教育による自然恐怖症（エコフォビア）をなくすことが目的です。33）国際地域開発のための災害支援システムの教育支援　N.プロジェクトの象徴的な防災体操を作る。それを実施，世界に発信して万国共通を目指す。体操内容としては防災基礎知識を各国の言語に翻訳して振り付けます。34）地域活性化のためのデザイン戦略支援　地域の自然や文化などの"地域遺産"の造形をモチーフにし，3Dスキャナーや3Dプリンターを使ってオリジナルのキャラクターやグッズなどを作るワークショップを通じ，次代の地域を支える子どもたちの創造性を育むことを目指します。35）エコランカーの乗車体験とエネルギーマネジメント教育支援　学生達が製作し競技会にも参加しているEvエコランカーの乗車体験と製作のための省エネ技術の基礎知識を学ぶプログラムです。高校生でも操作体験ができ，競技会への参加支援も行います。

ホームページアドレス http://n.rescue.nua.jp/ フェイスブックアドレス http://www.facebook.com/N.Rescue

プログラムのお問合せ先 ✉ n_rescue@nihon-u.ac.jp

N. 日本大学

がありました。特に、福島富士自然体験キャンプや千葉県館山市の町おこし「たてやま海まちフェスタ２０１４」、下北半島の佐井村のお祭り支援活動、宇宙エレベーターの技術競技会、人力飛行機世界記録挑戦では、ＳＭＣ－１の出動のみならずシステム機能をフル活用できたことは、各々のプログラムと一体となったモビリティ活動の可能性に確信を持ちました。

舞台として、機材運搬として、また宇宙エレベーターや人力飛行機の世界記録挑戦、水上空港ネットワークによる交通イノベーションのようなＳＭＣ－１の支援活動の方法のように、研究者や学生の厚い情熱と信念を積んで走る姿には、感情移入を容易にしました。

特に、霞ヶ浦で行なわれた理工学部の人力飛行機の世界記録挑戦は、１年前からＳＭＣ－１の荷台寸法を正確に計り、三分割収納できる様に設計しました。まさにＳＭＣ－１と一体のチャレンジになった訳です。残念な結果に終わったものの日本大学の誇り高きシンボル的チャレンジといっていいのではないでしょうか。賞賛に価すると感じました。

また、参加した学生や研究者と地域住民が共に喜び、イベントを盛り上げるための絆づくりを行なった福島富士自然体験キャンプや千葉県館山市の町おこし、下北半島の佐井村のお祭り支援の活動では、哀しみを癒し、共に希望と夢を抱き、喜びを分ちあえる活動になりました。「また来年もお願いします」のひと言によって、何といっても学生たちがその効果の大きいものであることを実感したでしょう。

芸術学部のダンスカンパニーＢＡＫＵと共に行なった教育支援活動に、下北半島佐井村のお祭り支援活動がありました。学生のヒップホップダンスを町の夏祭りで支援してほしいという依頼があり、２泊３日で行なったイベントです。東京から新幹線で八戸へ行き、八戸からバスで３時間半という遠隔地でのイベントにはＳＭＣ－１が大活躍し、現地の人々と学生との交流ができました。

理工学部の伊澤先生や轟先生が率いるチームが研究されている、霞ヶ浦で行なわれた水上空港ネットワークによる交通イノベーションのイベントでは、水上飛行機のデモフライトがありました。実は、このプロジェクトの夢でありＳＭＣ－１のシリーズに組み入れているモビリティに水上飛行機がありました。カナダのバンクーバーは入り江や島が多いので、それを結ぶ交通手段として水上飛行機がタクシー代わりに使われていることは知っていました。

災害によってロジスティックが分断されたときに活躍できるモビリティは、水上飛行機と水上空港です。日本のように海に囲まれ、湖や沼、入り江が多い国では、水上交通が優れたロジスティックを発揮すると考えています。この分野が交通イノベーションに多大なる貢献をすることは間違いありません。五光物流の小林社長も柳澤常務も、水上交通の未来には期待をかけているところです。

ＳＭＣ－１を出動させようとして奇しくも諦めたイベントがありました。それはイベント会場となっていた小学校の入口の高さがＳＭＣ－１の車高を阻み、直前で入れないことがわかったために断念せざるを得なかったのです。この本の出版をしてくださった株式会社リバネスが主催し、墨田区立第一寺島小学校で平成26年5月11日（日）に行なった、小学生のための「理科の王国」への参加準備中での出来事でした。これも我々にとってイベントをコーディネートする上での貴重な経験となったわけです。

この「理科の王国」には、東京都以外にも関東近県から１０００名を超える参加者が押し寄せました。サイエンスの楽しさを教育支援として伝えるイベントなので、国際救助隊も３つのプログラムで参加しました。ミクロの細胞実験「え！　緑茶が紅茶に変わる？」、実験授業「ディズニーキャラクターが教える子どもの安全教育」、移動動物園「ホネホネ ｆｒｏｍ ズーラシア」というユニークなプログラムタイトルで構成し、多くの参加者を受入れることができました。その模様は日本大学「広報」に記事掲載されました。

実験体験、キャラクター教育、ハンズオンとどれも五感で触れ、大人が経験しても価値がある教育支援ができたのは効果的でした。普通の緑茶の葉が紅茶になる科学実験では、視覚、嗅覚、触覚と五感をフルに使い体験する等身大のプログラムでした。生物資源科学部の鳥居恭好先生によって、なぜ茶葉の緑色が茶色に変わるのかという疑問だけでなく、世界のお茶の文化・歴史がわかる興味深い実験教室になりました。グループに分かれて実験したのですが、他のグループの進み具合を気にしながら実験している様子や、しだいに実験にのめり込んでいく姿は雰囲気を盛り上げました。

ディズニーキャラクターが教える子どもの安全教育では、一方的にアニメーションを見せるのではなく、アニメーションを鑑賞したあとに、大学生が内容を振り返りながら会場の子どもたちとQ&A方式で、キャラクターたちが伝えたことを再確認していきました。ディズニーエデュケーションが双方向型の教育支援システムとして開発したものを、理工学部の学生たちによってさらにエンタテイメント化したものでした。この実験には学生たちのナビゲーターとしてのトレーニングも組み込まれており、学生のパーソナリティを磨く場としての効果も確認できました。

移動動物園は、よこはまズーラシアの園長を兼任されている生物資源科学部の村田浩一先生が行なった、動物の骨の話からシマウマやライオンなどの毛皮を子どもたちに触らせるハンズオンプログラムです。これほどまでに毛皮を触ることへの強烈な好奇心があったのかと思うほど、子どもたちと親子が盛り上がりました。やはり実物に触れる衝撃と感動は、檻の向こうの動物を見ているのとは違い、その動物をより身近に感じられるのです。動物園が移動して小学校や地域にやってくるという実施方法に、好奇心をかき立てられたのです。

どのプログラムにも共通していえることは、実物を体験すること、自主的に実験に関わること、仲間と共同で目的を達成すること、感動を共有すること、といった共感・共有するリアルな体験を実験し支援できたことに、多くの気づきを得ました。

日本大学の優れた多くの研究者が、学部間の距離や枠にとらわれず横断的に研究を連携推進することは理想的な発想です。でも、なかなかそうはうまくいきません。そういう研究や研究者ばかりではないし、何でもかんでも連携し共同研究できるものばかりではありません。また、そうすることがベストとはいえません。連携・共同研究したいけれどどうしたらいいかわからないという研究者の声もかなり多いのは事実ですし、一歩踏み出せないで研究室に籠っている研究者もいます。そういった意味では、このプロジェクトは連携・共同研究を求める研究者にとって有効であるといっていいでしょう。

現在は日本国内にとどめて社会実験を行なっていますが、将来はアジアの国々に支援ができるシステムを構築したいというのが、我々の目標であり夢です。アジアの国々にはまだまだ生きるために苦悩し、食料や水もなく毎日のように感染症に倒れる子どもたちがいます。個人の医師や団体組織のサポートシステム、各国の救助隊などが支援している災害に、大学という教育・研究機関は何をするべきか、何ができるのかを考えることはそう突拍子のないものでもない気がしていました。事実、地球上の自然災害に教育・研究の成果を支援し続けている大学は世界中にあります。

ニューヨークを訪れたときに、NYPDがマンハッタンをセグウェイでパトロールし、ロサンジェルスのビジネスマンがそのセグウェイで出勤する光景を見たとき、パーソナルモビリティの可能性を感じました。今はホンダの電動一輪車ユニ－カブの時代です。日本ではこういったパーソナルモビリティが公道を走れる法の整備が出来ていません。豊かな未来を目指すために解決しなければならないことが山ほどあります。

あらゆる交通イノベーションの可能性や、宇宙に向かうための安心・安全な技術、ロボットと人間の関係とその未来、そして人間の限りない情熱と夢をこのプロジェクトは支援していきたいと考えています。これによって、前例に縛られることないモビリティの高い社会を想像できる人材を育てることを目指したいと思います。

この研究プロジェクトは、リスクに対して正しい反応ができるように、日本大学の「知」を共感することで共有できるコミュニケーションや会話を提供するために走り続けています。

大学の教育と研究を広く還元し、そして支援を行なうには、見えない壁があります。しかし、そこにブレイクスルーを起こさなければ何も変わりません。壁を乗り越えられる新しい発想から、地域の一般の人々や子どもたちに向けたアウトリーチ活動を大切にし、意義ある社会還元を行なうことは重要です。

日本大学N.国際救助隊は、各学部に距離があることをフルメリットに変え、校友会やOB、OGが経営する企業、全国に数多く点在している付属高校や小中学校が連携することで、地域の活性化や災害復興に結びつく新しいモビリティ環境を常に目指すことができます。

こうした社会実験を継続し続けることは、日本大学の「研究成果の社会還元」と「国際社会で活躍できるコミュニケーション力のある人材育成」を可能にすると信じて疑うことはありません。そして、計り知れない社会効果に結びつくと確信しています。

日本大学N.国際救助隊の誕生には、この2年間で多くのドラマが生まれました。未来を見据えたとき、大学という組織に国際救助隊の存在は必要です。大学同士が絆を作り、ネットワークをモビリティシステムに深化させた災害時または防災のための社会貢献ができるあり方を、これから考えていくべきでしょう。国際救助隊誕生は、大学の「知」の広がりを機能として今後の継続が理解されるシステムの構築と支援活動を目指しました。

このあと、すでにこれまで実施された遠隔地での移動教室や実験教室、イベント等の活躍を共同研究者の報告から詳しく紹介しましょう。

N.RESCUE

02

N.RESCUEと気仙沼

生物資源科学部 食品生命学科
准教授 鳥居 恭好
助教 成澤 直規
教授 竹永 章生

■東日本大震災、その日の生物資源科学部〈鳥居〉

2011年3月11日午後2時46分、自分がどこで何をしていたか、誰もが覚えているだろうし、一生忘れないだろう。

その日、私は普段通りに日本大学生物資源科学部12号館6階の研究室にいて、ちょうど席を立って何かを取りに行こうとしたときだった。ゴトゴトゴトという、あまり経験したことのない揺れが来たかと思うと、ゴッ！　ゴッ！　と大きく揺れ始めた。そこにあった丸椅子になんとか座り、放り出されないように実験台の端を両手で握りしめた。天井に突っ張り棒で固定してあったはずのスチール棚が目の前で大きな音とともに倒れ、あちこちで何かが壊れる音がする。それをただ見ているしかない。すぐそばで竹永教授も固まっている。窓辺のメダカの水槽がひっくり返って、学生が提出したレポートが水浸しになった。実験台にしがみつきながら、「なんだ、オレここで死ぬのか。イヤだなぁ、家で死にたいなぁ」とバカなことを思った。東北で何が起きているかなど考えも及ばなかった。

繰り返す余震の合間に、研究室のドアにかけてあった防災用のヘルメットを手に取り、ひとつをかぶり、ひとつを上司に渡す。廊下に出ると、座り込んで動けなくなっている学生がいるので、残ったヘルメットを配る。しばらくすると、他の部屋で実験をしていた大学院生が泣き顔で帰ってきた。彼女は中国人だ。「先生、中国ではこんな大きな地震はないんですよ」と言った。「そうだよな、日本はこういう国なんだよ」と答えながら、自分のヘルメットを彼女にかぶせた。2008年の四川大地震の事は2人ともすっかり忘れていたわけだ。

構内放送に従って全員がグラウンドに避難し、怪我人のいないことが確認された。授業のない時期だったため、キャンパス内に学生が特に少なかったことは、（被災なさった方々には申し訳なく思うが）不幸中の幸いだったと思う。ヘルメットの代わりにモンゴルの伝統的な帽子をかぶっていたため、「こんなときにまで鳥居はふざけている」と思われたようだが、そんなことはどうでもいい。鉄道網が麻痺したため、大学の体育館に100名あまりが宿泊した。この日、前職場に在職中だった成澤が共同研究の打ち合わせのために学部に来ていて、体育館で一晩過ごしたのは奇遇だった。

それからしばらくの間は、計画停電や授業スケジュールの変更などで落ち着かない日々が続いた。卒業謝恩会は中止になり、卒業式も短縮された。運転免許合宿で気仙沼に滞在中の学生の安否が不明だったが、幸いなことに無事だった。

そして何人もの学生たちが被災地にボランティアに出かけた。あの日泣き顔だった中国人留学生は、その数日後から成田空港で通訳のボランティアを行なっていたそうだ。空港は出国を急ぐ外国人で大混乱だったという。彼女も慌てて帰国するのかと思っていたが、「先生たちが落ち着いているから、きっと大丈夫だと思いました」と言ってくれた。

私はといえば、ただそれまでより長い時間、犬の散歩をするばかりだった。被災地のために何ができるのか、何かしなくてはと思い、一歩も踏み出せないまま日々が過ぎた。

■震災半年後の気仙沼　〈竹永〉

第18共徳丸は動かすにも動かせず、ほぼ手つかずのままだった。

震災から半年後の2012年9月9日、初めて被災地を訪問した。この訪問に同行したのは竹永、鳥居のほか同学科の松藤と古川である（後にこの全員がN.RESCUEの隊員となった）。

仙台から気仙沼へ車で向かうが、途中に若干の交通規制がある程度で、気仙沼に近づくまでは特に異常に気がつかなかった。待ち合わせの気仙沼駅も、後で聞いたら津波の被害にあったそうだが、我々には普通の駅前の景色にしか見えなかった。

ところが、駅からほんの数分、港に向かって車を走らせると、鹿折《ししおり》地区にはそれまでとはまったく違う惨状が広がっていた。瓦礫の山、ひっくり返った車、骨

地盤沈下で水が抜けなくなった鹿折地区。瓦礫を気にせぬ様子で水鳥が休んでいた。

組みだけになった建物……テレビや新聞で目にしていたはずの景色に圧倒され、うめき声しか出ない。案内してくれた学科OBのO氏は「ホラ瓦礫瓦礫!」と妙なテンションで言う。彼の家業は水産加工品の工場だ。半年間見慣れた光景になってしまったのだろう。

津波で打ち上げられた船の多くは、この時点ではまだそのまま放置されていた。特に目立つ「第18共徳丸」を見上げ、この日何度目かのうめき声を上げた。

テレビで見る景色と最も違ったのは、匂いだ。気仙沼市鹿折地区の市街地および水産加工品の工業地帯は、気仙沼港の入り江の奥にある。地形により高まった津波によって壊滅的な被害を受けたうえ、翌日まで火災に見舞われた。また、ひどい地盤沈下のため、震災から半年経ったこのときも、濁った水で覆われたままの区画が多くあった。廃水が流れていかないため、悪臭もひどい。訪れた我々は、しばらくその臭いに耐えて、そして帰っていく。しかし、ここに住んでいる方々は、その臭いの中で日々を過ごしているのだ。

地震のときに工場にいたO氏と、彼のお母さんや家族、同僚は、押し寄せる津波を見て工場の屋根に上り、さらに屋上の給水タンクにしがみつくようにして、翌朝まで過ごした。地震の揺れと、2階の屋根を越える真っ黒い波と、そして対岸に見える火炎の中、波が引くのを待ったのだという。疲れた表情のO氏のお母さんに「どうかお体に気を付けて」と申し上げ、辞去した。

仙台まで帰る車は、海岸沿いの道を選んだ。寸断された線路、打ち寄せられた車、鉄骨だけになった建物など、荒々しく破壊されたままの景色を見て、ほとんど無言のままだった。

■N. RESCUEへの参加〈鳥居・成澤・竹永〉

震災から1年あまりが過ぎた2012年の4月、芸術学部の木村教授から、当学科の古川准教授へN. RESCUEへの協力依頼があり、これを受けて複数の生物資源科学部教員に参加の打診があった。竹永、鳥居、2012年春から学科のスタッフとなった成澤もこれに賛同した。木村先生はじめ諸氏の尽力の結果、平成25（2013）年度から2年間の学長指定研究プロジェクトとしてN. RESCUEは採択された。

「国際救助隊の隊員」とはいうものの、実際に災害現場に我々が出向いても足手まといにしかならない。被災地をはじめとした各地での、教育研究のサポートが主要な任務だろうと考えた。生物資源科学部の隊員は、自分が提供できる教育支援コンテンツの整理を始め、オファーに応じて可能な限り出向く、ということとした。

7月初頭、芸術学部の木村教授、理工学部の青木教授を筆頭に数名の関係者が生物資源科学部に来校した。生物資源科学部からのN. RESCUE隊員は他学部に比べて多く、都内の会議になかなか揃って出向けないため、わざわざ御足労頂くことになったと記憶している。

その中に、帽子に白フレームの眼鏡にあごヒゲの、ひときわ目立つ参加者がいた。芸術学部デザイン学科の布目幹人講師である。木村先生が「怪しいヤツじゃないですから」と言うので、怪しいヤツじゃないいんだと思い話を伺うと、気仙沼市鹿折地区の水産加工業の組合の顧問として復興支援に取り組んでいるという。食品関係なら少しはお役に立てるのではないかと思い、その後数度のミーティングを経て、9月に気仙沼現地へ同行することになった。

解体作業が始まった第18共徳丸は、気仙沼を訪れる人々の撮影スポットにもなっていた。

■Nゼミとともに気仙沼へ〈鳥居〉

２０１３年9月17日朝7時に新宿に集合し、快晴のもとバスで気仙沼へ向かった。布目講師と、彼の広告代理店勤務時代の同僚2名、芸術学部デザイン学科の布目ゼミ（通称「Nゼミ」）の学生十数名、そして鳥居がメンバーである。訪問の目的は、学生たちが中心となって新製品企画の提案をすることである。Nゼミでは広告デザインを学んでいるので、実践トレーニングも兼ねての被災地支援ということになる。鳥居は一応、食品の専門家という立場で参加した。

昼過ぎに現地に到着し、組合の後藤事務局長の案内で被災地の現状の説明を受けた。1年前に比べて瓦礫はおおよそ片付いていたし、かさ上げが進んでいる区画もある。

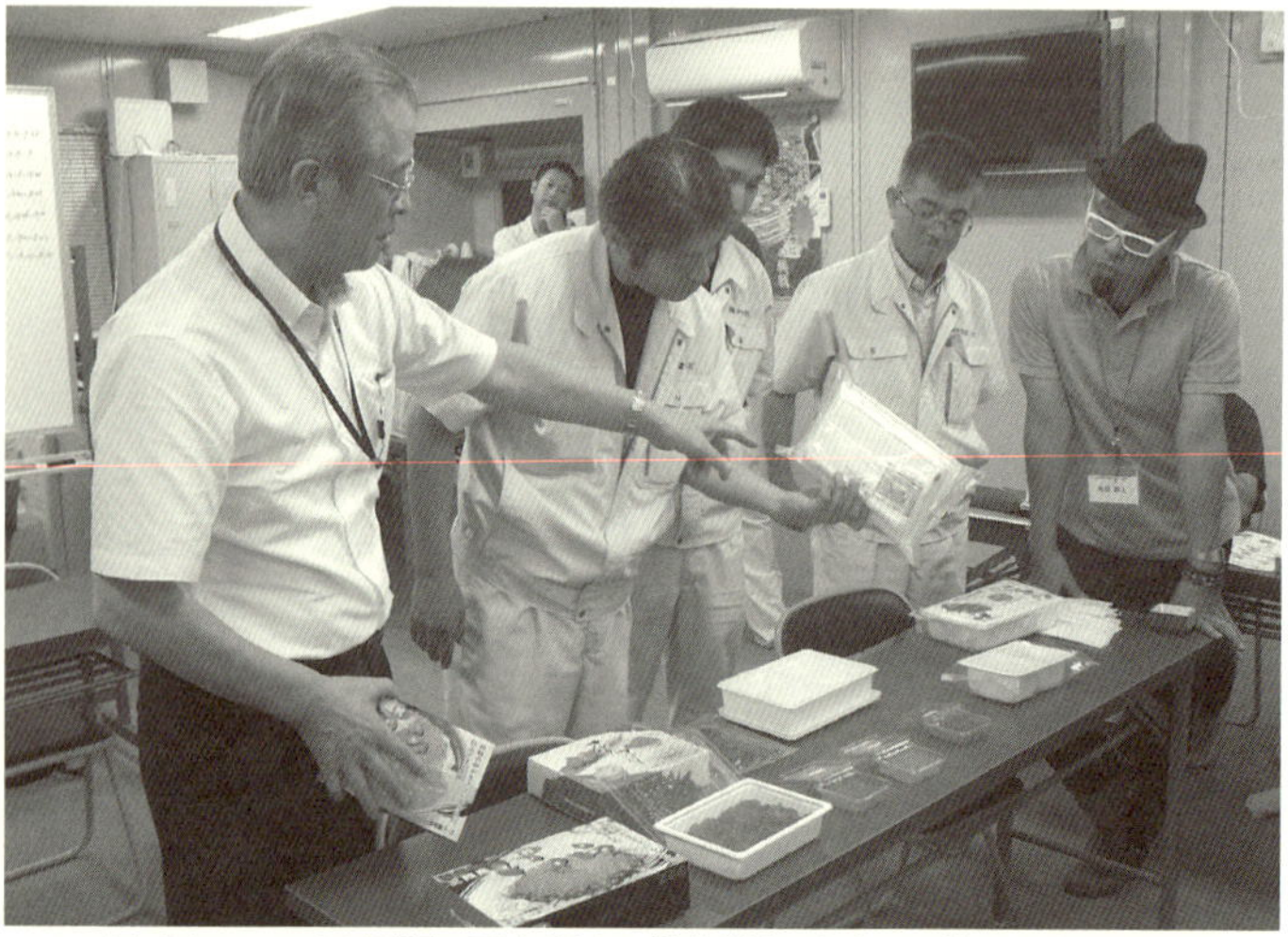

イクラについての説明に耳を傾ける芸術学部デザイン学科の布目講師。

1年前にキツかったあの臭いは、もうほとんど感じない。第18共徳丸の解体も仮囲いの中で始まっていた。それでも爪痕はありありと残っており、生い茂った雑草がここまでの時間を感じさせる。

組合の事務所が、3日間の作業のためのアトリエとなった。まずは訪問メンバーから「ブランド」についてのレクチャーと開発の方向性についての説明があった。ブランドは単なるロゴではなく、商品に付加される複合的価値観であり、これを確立するためには、品質はもちろんのこと、消費者の嗜好・行動を踏まえたうえで提供方法を考えることが重要である旨が解説された。

続いて地元の水産加工業者さんから、自社

製品の説明を受けた。7社から塩蔵ワカメ、フカヒレ、鰹節とナマリ節、サバやサンマの煮付けなど加工品、魚肉ほぐし身、とろろ昆布、イクラなどについて、実商品を示しながらの説明があった。これらはその日の夕食のおかずにいただいた。

討議の中で、様々な課題が浮かび上がってきた。例を挙げる。

・もともと気仙沼は海産物・水産加工品の分野でブランド力があったため、新商品の開発が積極的に行なわれてきておらず、開発ノウハウの蓄積がされていない。
・震災から1年半が経ち、被災地支援目的での購入行動に陰りが見えるため、被災地イメージを離れた新しい魅力的な商品が必要。
・特に若年層向けの市場や新しい食べ方を開発したい。
・サメ肉など、現地では豊富だが地域外への流通の少ない食材が売れるようになれば業界の大きな力になる。

2日目（9月18日）は早朝の気仙沼漁港の見学から始まった。港の町だけに、漁港の再開は最優先課題だった。膨大なカジキマグロやカツオが水揚げされており、これが気仙沼復興の下支え

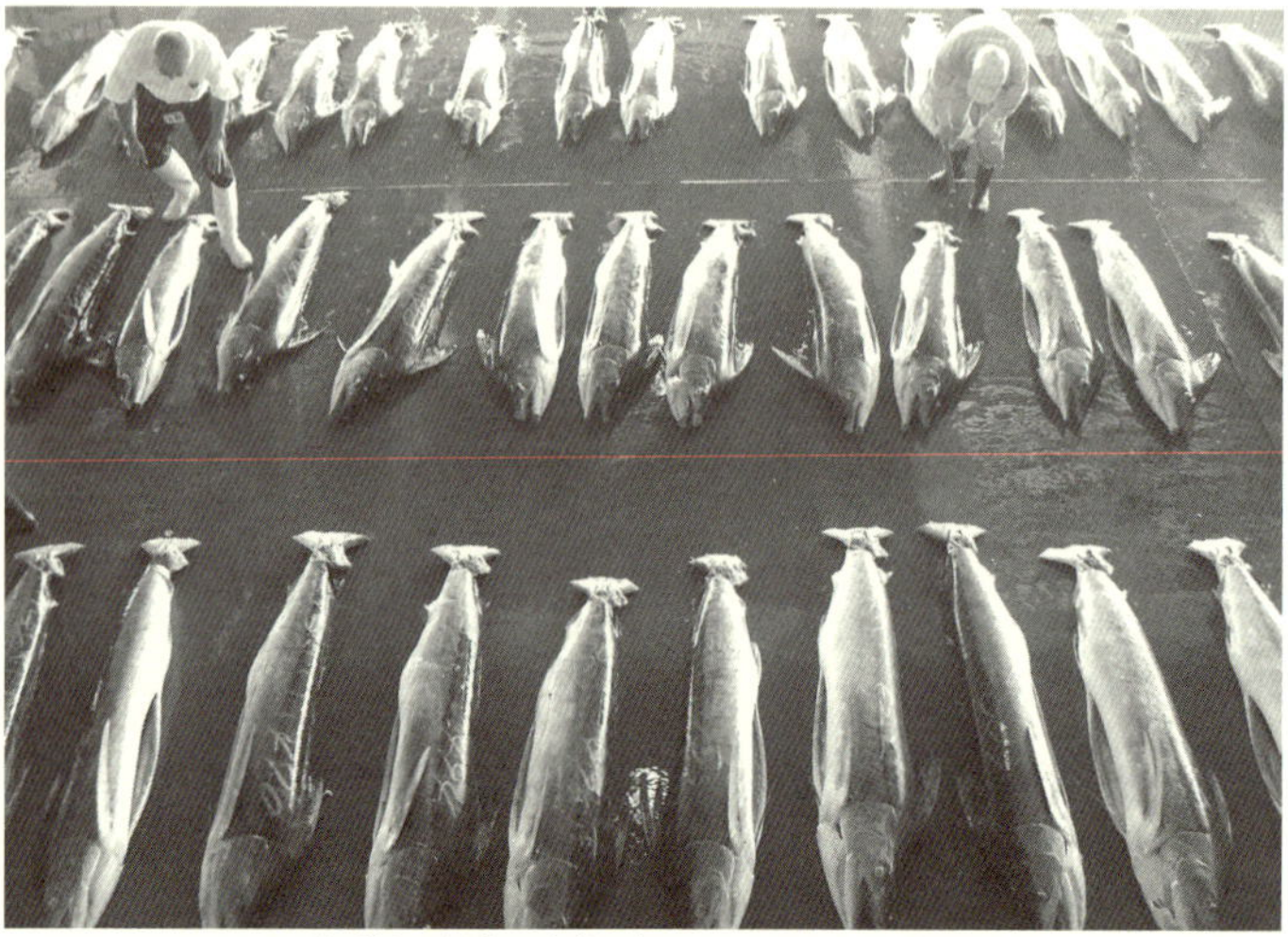
気仙沼漁港に水揚げされたカジキマグロ。

になるであろうことがありありと感じられた。続いて、ワカメ、イクラ、水産加工品などを生産するため陸前高田市に建設された新工場を見学した。Nゼミ生にはコールドチェーンやHACCPなどの食品衛生用語は馴染みがないので、その解説をすることでやっと役に立てた。

気仙沼復興マルシェを訪問、昼食の後で事務所に戻った。ここからが本番である。Nゼミ生の諸君がアイデア（「切り口」？）を絞り出す。しばらくの後にアイデアが書かれた紙が壁に張り出され、それを題材として、布目講師が中心となってフリートークが進む。いくつものキーワードが現れ、それを様々な方向から見直して、場合によっては切り捨て

昼過ぎから組合の事務所で始まった作業。食事や休憩を挟んで、翌朝まで続けられた。

ていく。「トーン&マナー」「インサイト」など、初めて聞く単語が飛び交う。

門外漢から見ると、これが滅法おもしろい。

ひとつのアイデアにこだわりがちな自分から見ると、「なるほど、商品の企画開発ってこうやって進んでいくのか」という発見に驚きを感じた。我々食品科学の研究者は、食品成分・栄養素の分析や、安全性や機能性の評価についてはわかる。そのため、数値として取り扱える内容から食品開発を考えがちである。もちろん食品には美味しさや栄養性、安全性が不可欠なのだが、それだけでは、知ってもらえる、手に取ってもらえる、買ってもらえる商品を作ることにはならない。まるで、ひとつの山を登るのに、まったく違うルートがあるということを突然教わったような驚きがあった。

その後、学生たちは3つのグループに分かれ、絞り込んだプランを深化させていった。布目講師が「今回は〝戦闘能力〟の高い学生を選んで連れてきた」と言っていたのが納得できる。そしてこの作業は翌朝まで続いた。

私の役割といえばただそこにいるだけに過ぎず、ときどき食品についての質問があって、それに答えては礼を言われるのだが、私の方が学生よりも遥かに多く学んだ。他に役に立ったといえば、1人抜け出して気仙沼ホルモンを食べに行った帰りに、第18共徳丸近くの仮設コンビニで買ってきた眠気覚ましドリンクを差し入れしたぐらいのことだった。

3日目（9月19日）の朝10時から、地元関係者を対象としたプレゼンテーションが行なわれ、徹夜の努力の成果として3つのプランが提案された。それぞれ「宅飲み」「のっけ」「料理男子」をキーワードとしており、若い世代の食行動や消費行動を踏まえ、商品ラインナップに包装デザインまで含んだ具体的なものだった。限られた時間の中で学生諸君が苦心して練った各プランはとても魅力的なものであり、地元関係者も多いに感心していた。殊に、「被災地だから」という方向ではない商品開発を目指す関係者の希望に充分に沿った内容だった。気仙沼の地元企業が消

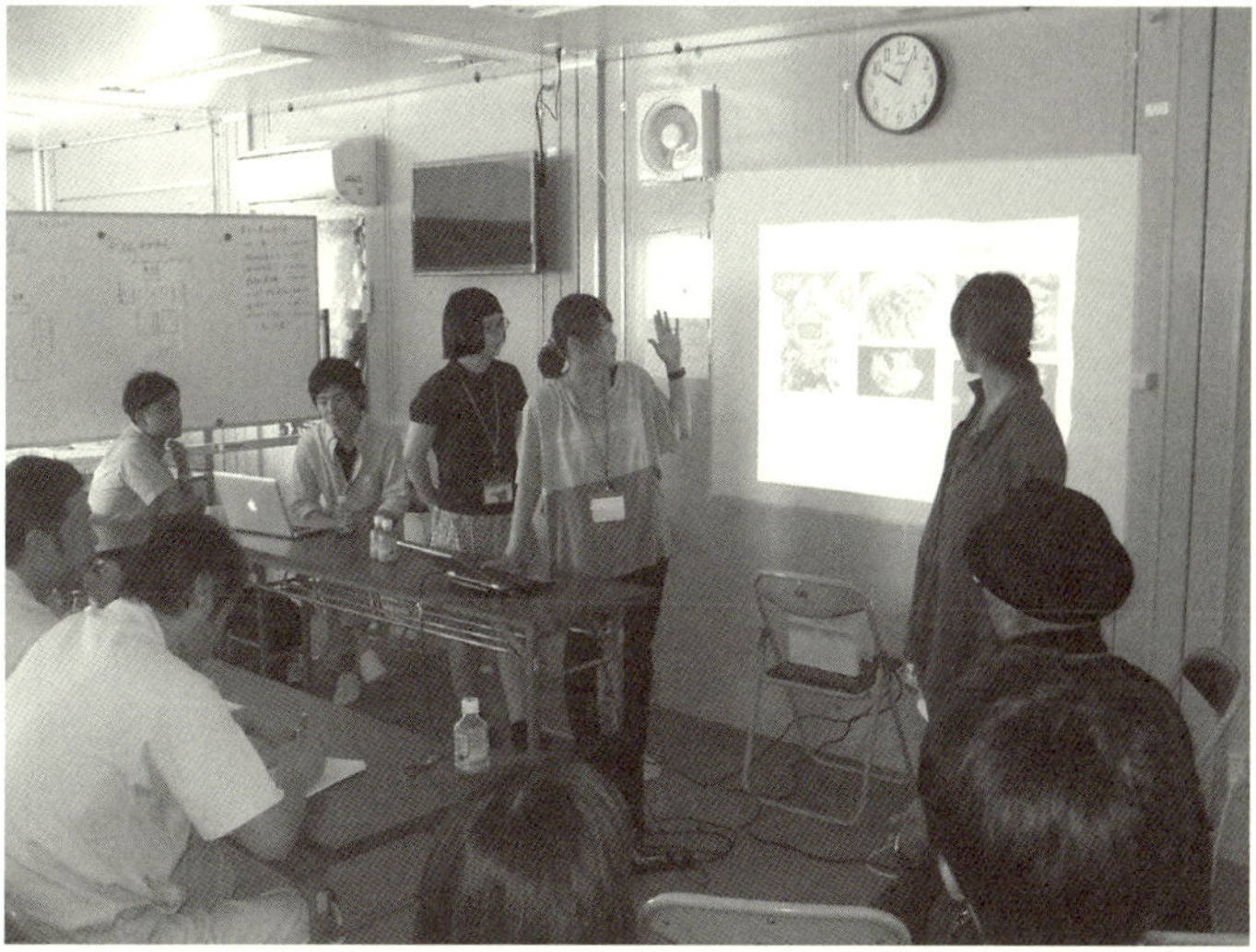

壁に貼った模造紙をスクリーンにしてのプレゼンテーションに、地元関係者からの注目が集まった。

費者のニーズにあった魅力的な商品を開発していくための大きなヒントとなることが期待される。

帰りのバスの中、一同はすぐに眠りに落ち、新宿に着くまで車内はひたすら静かだった。

■その後 〈鳥居・成澤〉

N．RESCUEの総帥である芸術学部デザイン学科の木村先生には、2013年10月18日、生物資源科学部で「プレゼンの発想と見方を変えるテクニックが共感、共有するコミュニケーションを可能にする」と題した特別講演を行なっていただいた。学生だけでなく教職員を含む大勢の聴講者に、「デザインは問題解決の手段」「伝えるだけではなく、伝わる事が重要」「壁を作らず、絆を保ち続ける」「好奇心万歳」という熱いメッセージが語られた。

この講演の中で、「大勢の人がいれば、皆できることが違う。皆、違う武器を持っている。自分にできないことは、できる人とつながってやればいい」という言葉が強く印象に残っている。ちょうど1か月前に気仙沼で感じたことと合致していたからだ。学部、専門の枠を超えて協力し発信するN. RESCUEプロジェクトの意義をリアルに感じた瞬間である。

同年11月23日、鳥居と成澤は再び気仙沼を訪れた。震災半年後に訪問したO社への協力のためだ。食品生命学科から我々N. RESCUE隊員2名を含めた3名と植物資源科学科（現・生命農学科）から1名の計4名で、仙台からレンタカーで気仙沼に向かった。第18共徳丸はこの2か月で解体が一気に進んでいた。

加工品に使う調味成分を、大手メーカーの高価な加工品を購入するのでなく、気仙沼の漁港で比較的安価に購入可能な原料を使って自社製造できないか、という内容のミーティングで、従来から当研究室で、成澤を中心に進めている発酵食品に関する取り組みが役に立ちそうだと考えた。情報交換をし、今後できる限りの技術協力をする旨を約束した。

実は、2度訪問したO社は、9月にN. RESCUEとして訪問した組合には加盟していない。

現地では従来からある水産加工業の組合の他、震災からの復興を目指して立ち上がった組合が複数あり若干混乱している。他の被災地でも同様に、行政からの支援策全てや、大学・NPOなどの取り組みの全てを、現地関連企業が共有し切れていない現状がある。全ての関係企業を公平に支援することは事実上不可能である。それでも、縁があった相手にできるだけの支援を続けることに価値があるはずだ。

鳥居と成澤は、2014年5月に行なわれた科学教育イベント「理科の王国2014 TOKYO GATE」（墨田区立・第一寺島小学校）にN. RESCUEのメンバーとして参加し、小学生向けの体験実験講座〈ミクロの細胞実験「え！　緑茶が紅茶に変わる?」〉を行なった。緑色の茶葉が自身の持つ酸化酵素の働きによって紅茶の赤色色素を生成する仕組みを再現する手軽な実験である。木村教授はじめ関係者の見守る中での講座は、普段以上に緊張するものだったが、参加してくれた小学生のみなさんには、少しは楽しんでもらえたのではないかと思う。

我々の研究室では、平成26年度より神奈川県のとある市の関係者と協力し、高齢者向けの介護食を、地域食材を中心に製造してレトルト加工し、一部を自治体の備蓄食料とするプランを進めつつある。電気や火や水のない状況でも高齢者に提供出来る、そして誰が食べても美味しい防災備蓄食、が目標である。当学部食品ビジネス学科、並びに食品加工実習所との共同参画である。食品研究分野からの防災、災害時支援のひとつのかたちと考えている。

布目講師は現在も足繁く気仙沼に通い、復興支援の取り組みを続けている。今回のプロジェクトが縁で、食品生命学科のロゴデザインを彼のゼミに依頼する方向で話が進んでいる。

２０１２年10月、「全国農村サミット２０１３」が生物資源科学部で開催され、本学部ＯＢで震災当時宮城県議会の議長を務めていた小野隆氏から基調講演があった。この中で、日本大学ＯＢ・関係者のつながりによる復興支援の重要性について言及があった。東日本大震災の復興支援に限らず、N. ＲＥＳＣＵＥのような活動の重要性がこれからさらに増していくのではないだろうか。我々も、大したことはできないが、これからも何ができるだろうかを考え続け、行動しなければならない。そのきっかけをくれたN. ＲＥＳＣＵＥに感謝したい。

N.RESCUE 03

福島こどもキャンプと国際救助隊の活動

生物資源科学部 動物資源科学科
教授 小林 信一

２０１４年８月９日～12日の３泊４日の日程で、静岡県富士宮市にある日大富士自然教育センターで、４回目となる福島こどもキャンプを実施しました。第４回目も学部や学部校友会の供催の下、農業団体などの協賛をいただき実施しましたが、今回は国際救助隊の支援を受け、トレーラーをステージに、太鼓の演奏会をふもとっぱらキャンプ場で開催することもできました。

福島こども自然体験キャンプは、２０１１年３月11日の東日本大震災による東京電力福島第一原発事故のために避難生活を余儀なくされている福島県川俣町山木屋と飯舘村の子どもたちを対象に、毎年８月に開催しています。これは河野学部長の英断によって、学部と校友会（第１回は日大校友会、第２回以降は学部校友会）の主催によって実現したものです。

このきっかけは、筆者の担当した川俣町の場合は、牧場実習でお世話になった菅野浪男氏に「何か我々ができることはないだろうか」と問い合わせたところ、「私のことよりも、子どもたちが外で遊べなくなっている。だから、夏休みの数日でも、青空の下、精一杯、外で遊ばせてやりたい」との要望があったことです。それに答えるかたちで実施に動いたところ、たまたま飯館村に20年以上関わっていた生物資源環境工学科の糸長教授も同じ思いであることがわかり、一緒にやりましょうということになりました。

菅野氏は小生の40年来の友人ですが、この牧場は福島県川俣町山木屋という原発事故で計画的避難区域に指定され、2011年5月から避難を余儀なくされている地域にあります。動物資源科学科の学外実習で、これまで25年間に20人以上の学生がこの牧場など山木屋地区の牧場での実習でお世話になっています。氏はこの地に新規就農し、40年かけて見事な草地を作り上げ、酪農コンクールで全国優勝もするようなすばらしい放牧酪農経営を展開されてきました。しかし、今回の原発事故によって、彼が半生を捧げて作った牧場は、すべて水泡に帰してしまいました。

子どもたちは、今でも家族とも、友だちともバラバラになって生活せざるを得ない状況に置かれており、また健康など将来への不安を抱えながら、生活しています。すでに震災から3年以上が経過しましたが、依然として福島の12万人の方が避難生活を余儀なくされています。それも、家族がばらばらな状況で。前述の川俣町山木屋の世帯数は約300だったそうですが、今は

500世帯に膨れ上がっています。それは、仮設住宅など避難先の住宅が手狭なため、以前のように3世代や4世代が一緒に住むことができず、若い人とお年寄りがバラバラに離れて暮らさざるを得ないため、世帯数が膨れ上がっているということです。小さい子どもを持つ若い世代の中には、子どものために遠方に疎開している方もいます。仮設住宅では六畳と四畳半に5人が住んでいるような状況で、これが3年以上続いているため、もちろんストレスもかかると思います。また、老人は子や孫たちと離ればなれに暮らさざるを得ないための寂しさや、あるいは、多くが兼業を含めた農家であったため、お年寄りにも様々な仕事があったのが、今は何もすることがなくなってしまったため、生きる張り合いがないというお年寄りも多くおられるとのことです。知り合いの方からも、お年寄りがぼけてしまい、亡くなってしまったという話もうかがいました。「原発で直接亡くなった人はいない」という電力会社の社員の発言があったが、こういったかたちで亡くなったり、自殺したりという方も多いことも、しっかり知ってほしいと涙ながらに話されました。

政府は除染をして帰郷を保障すると言っていますが、川俣町山木屋や飯舘村などの住民の中には、除染も住宅周辺だけでは元の暮らしには戻れず、また除染自体があまり信用できないため、戻るに戻れない状況が続くと見ている方も多いようです。賠償金の支払いもなかなか進まない中で、将来の見通しがつかない、そうした状況が、3年経った福島の現状だということを、まず我々は踏まえておく必要があります。

そうした中で、我々として、大学として何ができるのかを考えてきました。このキャンプは、厳しい生活を強いられている子どもたちにとっては、ほんのささやかなプレゼントにすぎませんが、夢中になって駆け回っている子どもたちの笑顔は何物にも代えがたいものです。

第4回目は川俣町のみの実施となりましたが、川俣町山木屋小中学校生27人を始めとする保護者や学生など51名が参加して、カヌーや鹿皮細工、宝探しなどのプログラムを楽しみました。お昼はボランティアの方による地元富士宮焼きそばや、OGのおそば屋さんによる手打ちそばを堪能しました。

今回は日大国際救助隊の支援を受け、富士宮市の太鼓グループとともに太鼓演奏会を開催することができましたが、子どもたちの中には地元の山木屋太鼓の練習をしている子どももおり、初心者の学生スタッフとともども練習を積んで、本番に備えました。当日は100名以上の観客の前で、子どもたち、学生、地元太鼓グループが一緒になって太鼓を敲き、大いに盛り上がりました。

富士宮市での子どもキャンプは昨年までで一応幕を閉じる予定ですが、今後も福島の子どもたちへの支援を何らかのかたちで続けていくつもりです。たとえば、国際救助隊による福島への出前授業や演奏会などを実現できたらと考えております。このキャンプの実施には多くの方のご協力があって初めて可能となりました。記して深甚の感謝の意を表します。

本番に向けて練習に励む子どもたち

盛り上がったトレーラーのステージでの太鼓演奏会

N.RESCUE

04

身近なところから、人の役に立つことを

生産工学部 創生デザイン学科
准教授　内田 康之

■簡易組立式災害用段ボールトイレの考案

日本は、世界屈指の自然災害大国である。東日本大震災の記憶が新しいが、自然災害が発生すると、災害の種類や規模によっては、電気、ガス、上下水道など、あらゆるインフラが機能を停止する。発災直後に最も困るのは食事ではなく、実は排泄行為である。「トイレはその国の文化である」という言葉からもわかるように、日本では機能・性能にこだわったハイテクトイレが開発されてきた。皮肉なことに、インフラが機能を停止した災害時ではそれら機能が使えない。そこで、このような状況下でも簡単に作れ、使用できる災害用段ボールトイレを考案するに至った。

大規模な災害が発生すると上下水道が停止し、トイレでは水が流せず便器に汚物が溜まること

で異臭や感染症の原因となる。風呂の残り湯などで流したとしても、下水管が破損している場合は地中に漏れるしマンホールから溢れる。下水管を流れたとしても、処理場が機能せず汚物は行き場を失う。これら深刻な問題に気づかずに使われる水洗トイレは、使用によって更なる問題を引き起こす。

避難所の被災者の生理現象である排泄行為に必要なトイレ用具は、排泄を促す飲料水と食料を最優先に提供するにもかかわらず、その他の生理用品と同等に区別され、災害発生から数日～数週間後に提供されるというのが現状である。避難者はトイレ環境が悪い等の理由から、トイレの利用を控えるために飲料水や食料の摂取まで控えてしまう。これにより健康を害し、最悪の場合は死に至ることがある。また、野外での排泄行為は、女性や子どもへの性的暴行の懸念もある。つまり、災害時の排泄行為は生死にかかわる重要な問題となる[1)2)]。

災害用段ボールトイレを考案するにあたり、まず、類似品について整理した。災害時に簡易的に使用できるトイレとして、段ボールを素材とした様々なトイレがあるが、主に次の2つに分類できる。

(1) 既成型

排泄行為に必要な消耗品と組立式の段ボールトイレがセットになったもの、非常用品等を収納している外箱がトイレとして利用できるものが市販されている。これらは非常用備品となるが、瓦礫の中に埋もれてしまえば使用できず、食品の賞味期限に合わせて買い替えも必要となる。

(2) 自作型

災害支援物資を収納していた段ボール箱を再利用して粘着テープ等でトイレに作り変えたものである。これは、作り方を知っていれば、避難所にある身の回りの材料で作ることができるため、手軽であり数量も確保できる。ただし、大量の粘着テープが必要であり、また、ビニール袋や消臭剤などの衛生や臭いに関する用品も必要となる。

次に、災害時に使用したトイレに関する意識調査について整理した。「Uモニ[3)]」による調査の中に、図1－1に示す東日本大震災の際に日中に使用したトイレに関する調査結果がある。自宅のトイレが使用できなかった被災者は、「1. 災害用組み立て式トイレ」「4. 排泄物をごみと一緒に捨てることができる携帯トイレ（便袋）」の利用が多く、毎回汚物を処理するタイプが主流だったことがわかる。また、ワンボックストイレには夜間でも電灯がないものが多いため、室内に設置するタイプのトイレが多く使用されたことがわかる。

災害用仮設トイレに求める様式に関する結果では、全体的には洋式が好まれる傾向にあった。年代別にみると、20代では肌に直接触れない衛生面が重視され和式を好み、中高年層では着座時

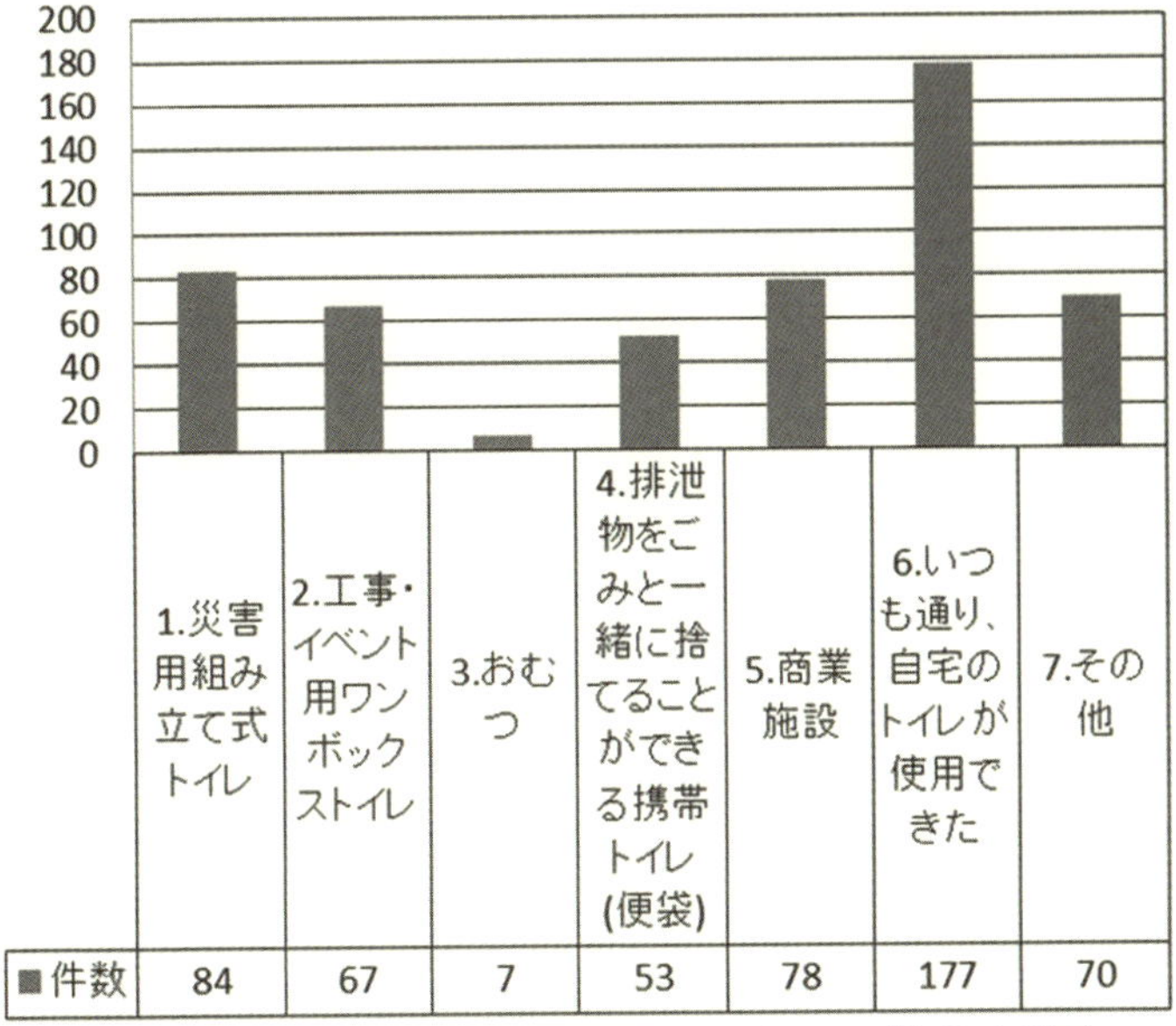

図 1-1　東日本大震災時に使用したトイレ（U モニ[3)]）調査結果）

の身体への負担が少ない洋式を好む傾向にあった。

以上のことを踏まえ、私たちは災害用段ボールトイレを考案した。デザインするにあたり、避難所にある身の回りの材料で簡単に作れ、洋式であり、安心して排泄でき、排泄物や汚物を簡単かつ適切に処理できることを目標にした。また、名称を簡易組立式災害用段ボールトイレ「Conrrugated Cardboard Toilet」（略称C.C.T」）とすることとした。

使用する材料であるが、迅速に排泄問題に対応するには、災害支援物資運搬用の段ボール箱を再利用するのが最も有効である。災害支援物資として優先的に配給されるのは飲料水と食料である。食料用段ボールはパンや麺類など内容によって大きさは様々であるが、飲料水用は約５００ミリリットル×24本入りが主流であり、若干の寸法の差があるもののほぼ類似した形状である。これならば同じ組立方法を適用することができるため、数種類ある箱の形状の中から、広く一般的に使用されているみかん箱型（A式）を選定した。また、あらゆるものが不足している避難所では、大量の粘着テープや接着剤を調達することは困難である。そこで、我々が提案する段ボールトイレは、粘着テープ等を不使用とした。また、飲料水用の段ボール箱を使用することから、構造強度を補うために、同梱包されていた飲み終わった約５００ミリリットルペットボトルに廃水や砂を封入し支柱として利用した。使用工具は、切り込み等を入れるカッターナイフを推奨する。

それでは、私たちが考案した簡易組立式災害用段ボールトイレ「C. C. T」を紹介する。これは段ボール箱３箱（内１箱は、他の段ボールでも可）とペットボトル20本を材料とし、製作に要する時間は30分程度である。衛生や臭いに配慮し、１回の使用毎に便袋の口を縛りトイレの中に設置したごみ袋へ捨てられるようにし、汲み取り作業を不要とした。また、周りにステップがないことや2段構成としたため、低く座り込む必要がなく腰への負担を軽減した。さらに、上段と下段を噛み合わせて一体化できる構造としたことで安定感を実現した。着座時にトイレ上面に「MY便座」という段ボール製シートを敷くことで、前述の20代の若者が好む和式の持つ衛生面にも配慮した。図1－2に、「C．C．T」外観を示す。図1－3に、上段の構造（左図）と下段の構造（右図）を示す。

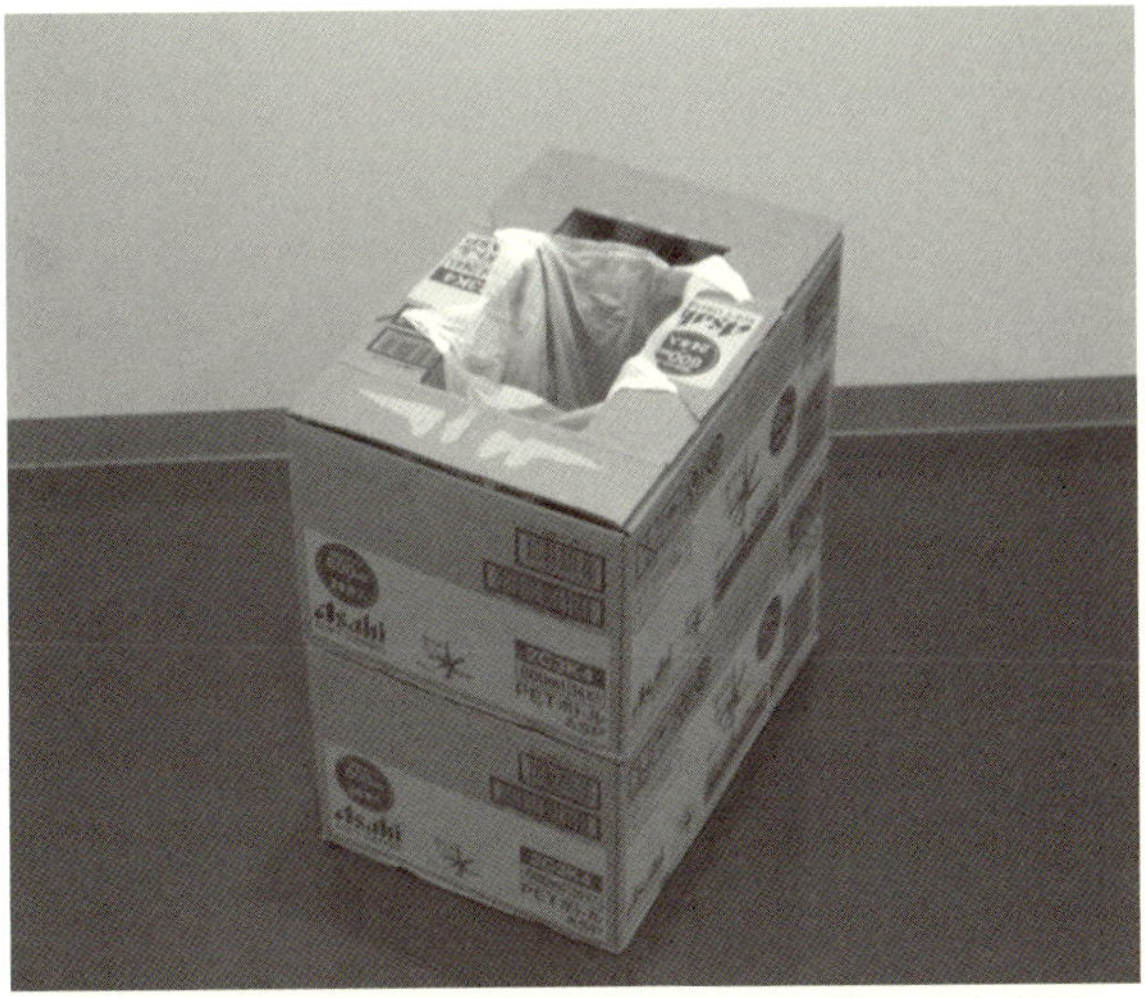

図 1-2　簡易組立式災害用段ボールトイレ「C.C.T」外観

図 1-3 「C.C.T」の上段（左）と下段（右）の構造

次に、災害用段ボールトイレに関する意識調査と感触評価を行なった。避難所生活の経験がない小学生〜50代の男女31名を対象に、平時・災害時におけるトイレに関する意識調査、試作した「C.C.T」に対する感触評価、全17項目の調査を実施した。調査結果を次に述べる。災害時に備え、自宅に簡易トイレを備蓄していない方がほぼ全体を占め、備蓄品についても把握していない方が目立った。特に若い世代に意識の低さが顕著に見られた。非水洗トイレを知らない世代が現れ始め、災害時には非水洗トイレの使用に戸惑うことが懸念される。災害時のトイレ対策に関する講習も受講経験者は1名のみであり、避難後に要する対策の訓練は、近所付き合いの薄れている大都会では特に重要であると感じた。災害時に「C.C.T」を利用したいと思うかについての調査結果を図1－4に示す。半数以上が利用に対して前向きな意見を示した。自由記入欄では、「こわれそうでこわい、はずかしい（10代女性）」「くさそう（10代女性）」といった周囲環境への配慮に関する意見もあった。この他、「安定感があって高さもちょうどよくてとてもいいアイデアだと思いました！（10代女性）」「災害時においてガムテープを使用しないのはすごい（30代男性）」といった高い評価もあった。

次に、考案した簡易組立式災害用段ボールトイレを普及するための広報の一環として、内田研究室のホームページ、N.RESCUE国際救助隊のホームページ、YouTube上で作り方

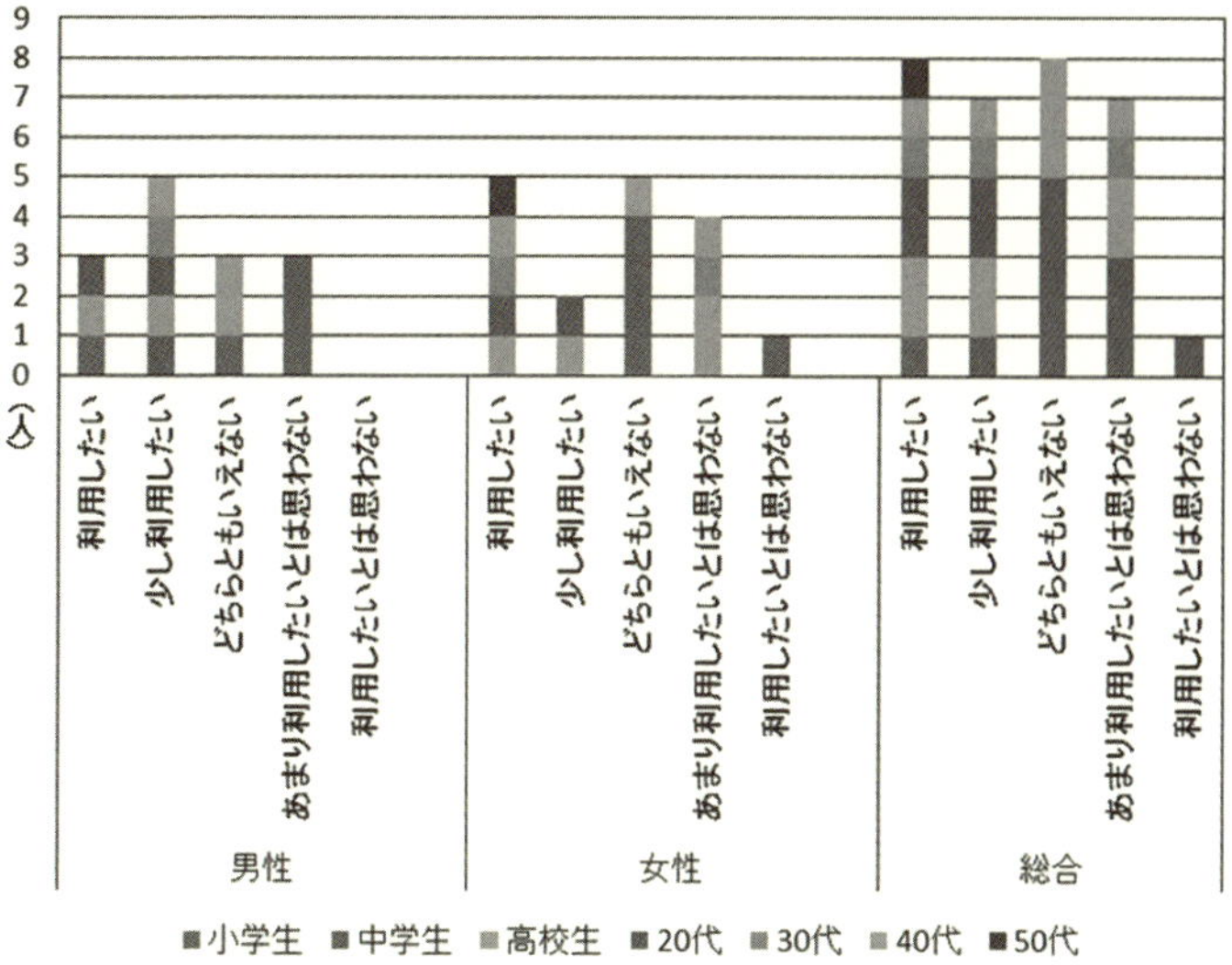

図 1-4 「C.C.T」の利用に関する意識調査結果

を紹介し、誰でも無償で利用できるようにした。さらに、大学でのオープンキャンパスや日本デザイン学会第61回春季研究発表大会（平成26年7月5日）での講演発表も実施した。発表に際しては、トイレで排泄時に使用するためのポリ袋に作り方をプリントしたものを無償で配布するなど、より多くの方々に認知してもらうための広報活動に力を入れた。このこともあってか、学会よりグッドプレゼンテーション賞を受賞させていただいた。

この他、サイエンスアゴラ２０１４（平成26年11月9日）にて、簡易組立式災害用段ボールトイレの作り方を体験できるワークショップを開催した。当

図1-5　サイエンスアゴラ2014でのワークショップ

日は、前日の雨が若干残り朝は怪しい天気ではあったが、ワークショップが始まる頃には神様が応援してくれているかのように晴れ間も覗き、屋外の広々とした空間を使い気持ちよくワークショップを実施することができた。当日は、大勢のご家族連れの方々に体験していただくことができ、たくさんの簡易組立式災害用段ボールトイレを製作することができた。製作に要した時間も、30分程度であり、誰でも簡単に作れることを体験できたようであった。子どもたちは、自分で作ることの楽しみを感じながら、みんな一生懸命に真剣に作業に取り組んでおり、頼もしく感じた。完成したトイレに、それぞれが座ってみて、座ったときの安定感や姿勢の楽さなどを体感し、とても満足げであった。図1－5、1－6に当日の様子を紹介する。

図 1-6　サイエンスアゴラ 2014 でのワークショップ（全体）

最後になるが、詳細な作り方（手順、動画）を公開したホームページへは、図1－7のQRコードからアクセス可能であるので参考にしていただきたい。また現在、みかん箱型（A式）と同様に数多く使用されている清涼飲料水用の約500ミリリットル×24本入りの横開き型の

図 1-7　「C.C.T」の作り方
（QR コードからアクセス）

段ボールを用い、簡易組立式災害用段ボールトイレ（2号）の考案に力を注いでいる。完成したら速やかに情報公開していくのでぜひとも期待していただきたい。

■福祉用具の考案

人は老化によって今までごく普通にできていたことができなくなり、生活の中に様々な不自由を感じるようになる。また、不慮の事故や病によって障害を抱えてしまう人もいる。このようなことは避けることができない身近な問題である。そこで、障害のある方々や高齢の方々などの生活をより豊かにするために、私たちが日頃から取り組んでいるものづくりを役立たせたいと考え、社会福祉法人横浜市リハビリテーション事業団横浜市総合リハビリテーションセンターの方々にご助言をいただきながら、多数の福祉用具を考案してきた。ここでは、この取り組みの概要と試作品の数々を紹介する。

障害のある方々、高齢の方々が、生活の中でどのような不自由を感じているのかを感じ取り考えることから始まった。横浜市総合リハビリテーションセンターを見学し、専門家の方々より基礎知識を習得した。その後、障害のある方々、高齢の方々の不自由さを専用の装具を身に着け疑似体験することで、問題を身近にとらえ課題を見つけ出し整理した。図2－1に買い物を疑似的に体験している様子を示す。

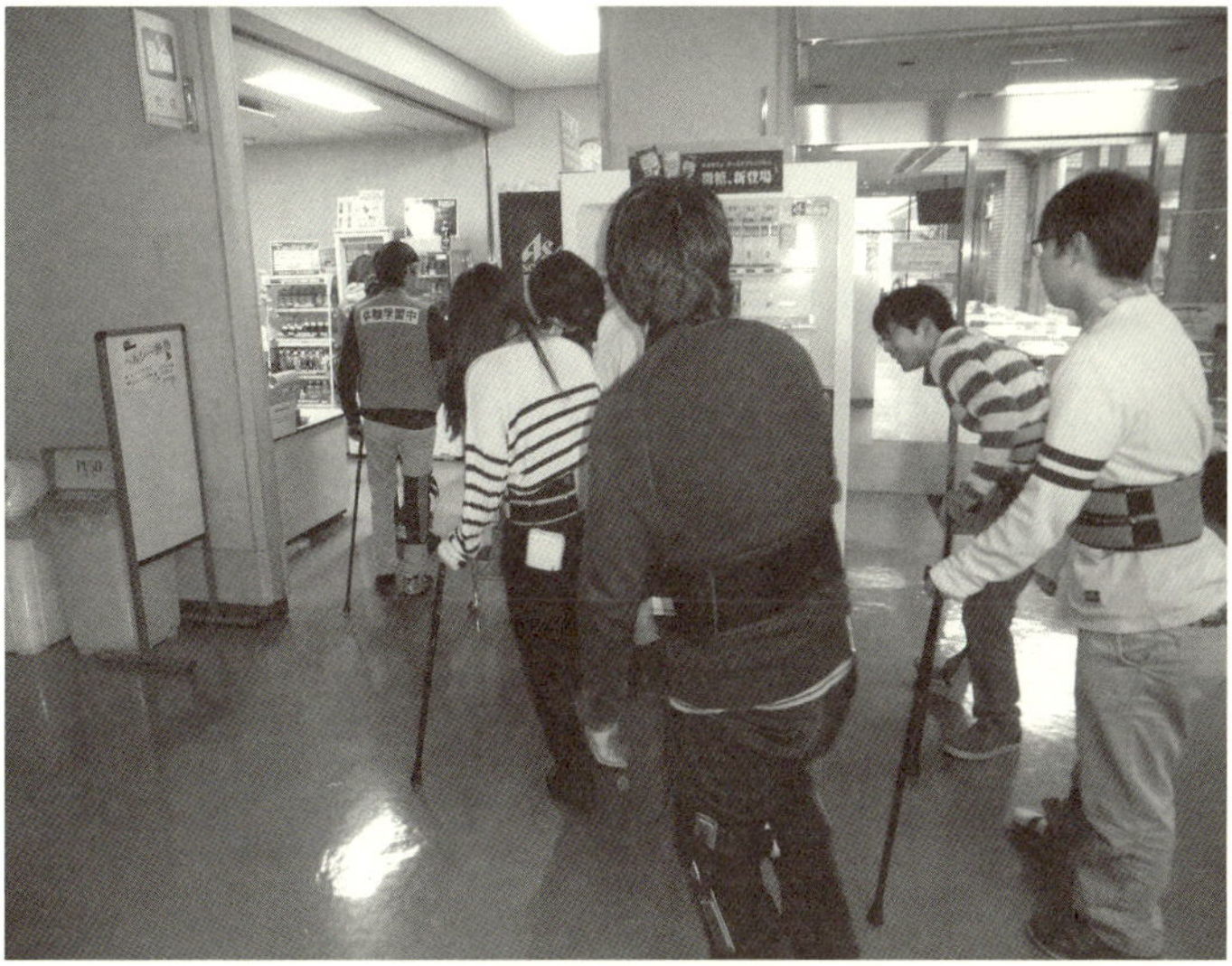

図 2-1　買い物疑似体験

整理した課題の中から対象とするものを選び、解決方法をアイデアスケッチ等により具体化した。併せて、簡単な模型を製作し機能や構造について確認した。このとき、横浜市総合リハビリテーションセンターの専門家からの助言もいただき、助言に基づき試行錯誤しながら模型を改良し試作品を完成させた。私たちは試作品を評価するために、毎年開催されるヨコハマ・ヒューマン&テクノランド（呼称：ヨッテク）に出展し、使用者の方々に直接に触れていただきご意見を聴取している。いただいたご意見は可能な限り次の試作品へ反映させるように努力している。図２－２に、ヨッテク２０１４に出展したときの様子を示す。

図 2-2　ヨッテク 2014 の内田研究室ブース

以下に、これまで出展した作品の概要を紹介する。この中で、「ワンハンド・レール・ハンガー」と「バッグオープナー」はヨッテクでのデザインコンペにて「コンセプトデザイン賞」を受賞し、専門家より高い評価を得た。

(1)　トリーツケース

肢体不自由者とともに暮らすことで、介護者の代わりに手足となり、日常生活における動作の補助を行なったり精神的な支えになったりする介助犬がいる。介助犬と使用者は強い信頼関係で結ばれているが、訓練段階から互いのコミュニケーションを図る有効な方法のひとつとして、ご褒美に餌を与える行為があるが、肢体不自由者にとっては容易な行為ではない。そこで、装置底部のボタンを押すだけで手のひらに必要量の餌を取り出せるトリーツケース（図2－3）を考案した。

⑵　ひとりでシュシュ

女性はいつもオシャレをしたいものである。片麻痺の女性でもひとりでシュシュをつけ、オシャレをして外出できたらよいと思い、髪飾り「ひとりでシュシュ」（図2－4）を考案した。大きさを調整できるシュシュなど、市販品の組み合わせで安価に製作した。また、携帯し易いようにコンパクトで、装着の際に使う補助ひもにも可愛らしい装飾を施した。

⑶　ファスナーメイト

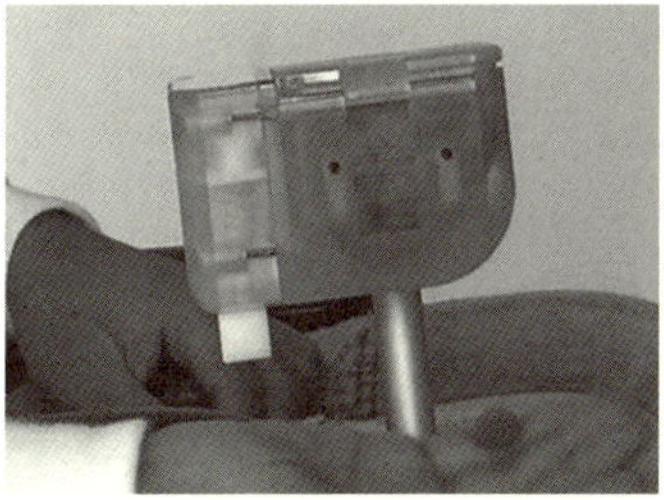
図 2-3　トリーツケース

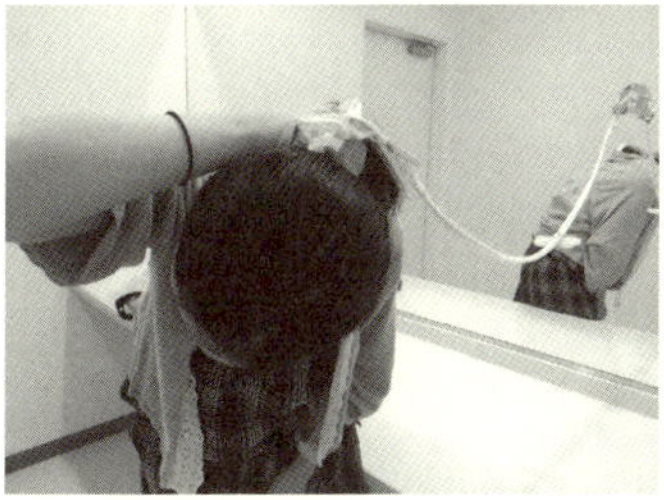
図 2-4　ひとりでシュシュ

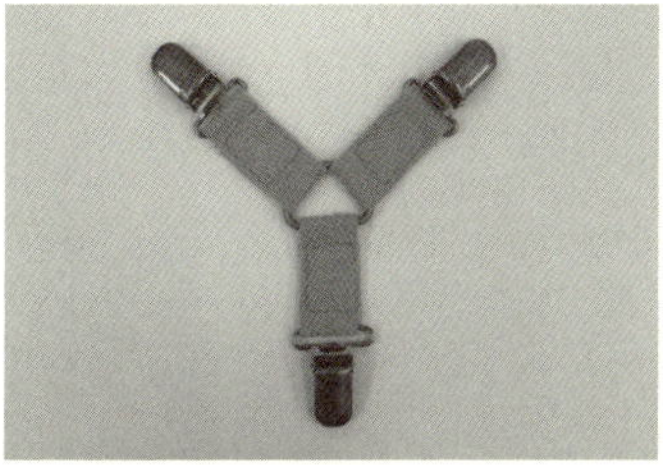
図 2-5　ファスナーメイト

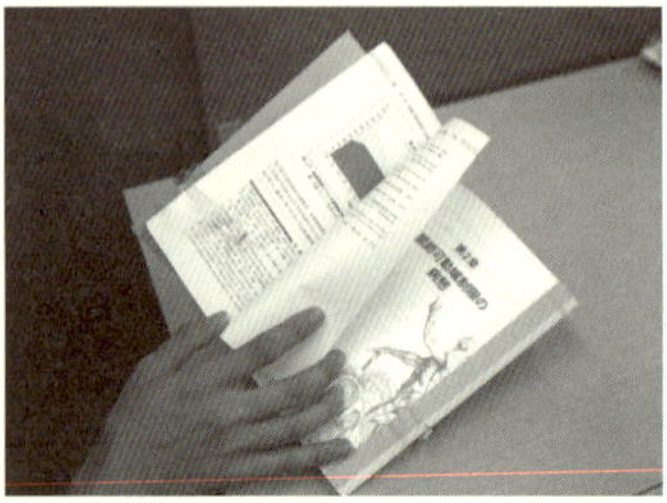

図 2-6　らくらくブック

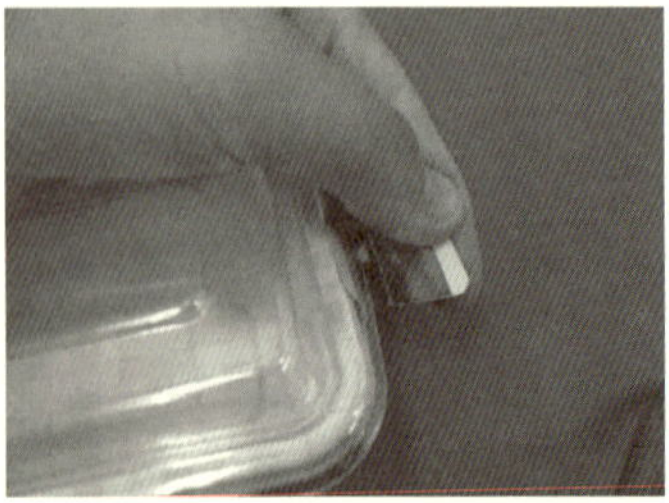

図 2-7　ぱかっとウィング

季節によって、ファスナー式のアウターを着て肌寒さを和らげたり、そのファッション性を楽しんだりするが、片麻痺の方にとってファスナーを閉める動作は一苦労である。市販の補助具もあるが、持ち運びに不便な大きさである。そこで、片麻痺の方が片手でファスナーを閉められるコンパクトな「ファスナーメイト」（図２－５）を考案した。

(4)　らくらくブック

片麻痺の方が片手で本のページをめくれる「らくらくブック」（図２－６）を考案した。使用できる本の種類は、文庫本の他に数種の本にも対応している。本を一定の開き角度で自立させることができ、ページめくりが容易である。スタンド部を取りはずすことで、持ち歩きながら本を読むこともできる。

(5)　ぱかっとウィング

惣菜パックの蓋は密閉性が高くしっかりと閉まっているため、両手でも開けるのに苦労する。片麻痺の方は、開けにくい場合は鋏で切るなどしてしまうが、容器を壊さず簡単に開けられれば、食べ残

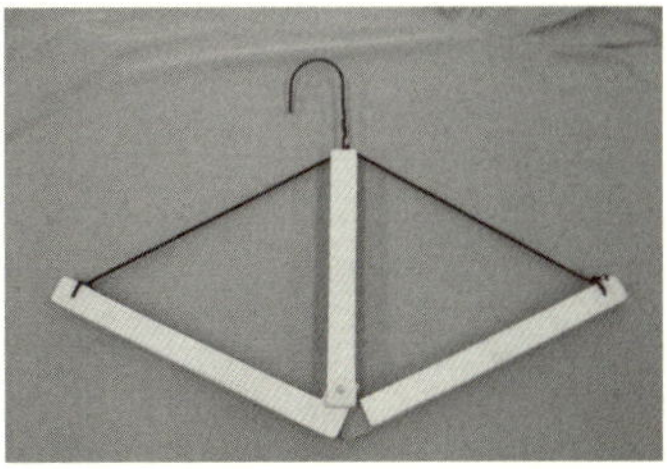

図 2-8　カタハン

図2-9　ワンハンド・レール・ハンガー

したときも保存容器として再利用できる。そこで、片麻痺の方が片手で惣菜パックを簡単に開けられる「ぱかっとウィング」（図2－7）を考案した。

(6)　カタハン

片麻痺の方が片手で簡単に服をハンガーに吊るしたり、ハンガーからはずしたりできる「カタハン」（図2－8）を考案した。服を洗濯したあとにお日様の下で干すときなどにとても便利なハンガーである。最大の特徴は、ハンガーから服をはずすとき、服を揺するだけでハンガーが自動的に折りたたまれ取りはずせる。

(7)　ワンハンド・レール・ハンガー

片麻痺の方が角型ハンガーにズボンやタオルなどの洗濯物を干すのは一苦労である。そこで、洗濯物を干す手順を見直し、角型ハンガーと洗濯バサミを分離することで、片手のみで簡単に干せる「ワンハンド・レール・ハンガー」を考案した。

(8)　壁当てキャップオープナー

片麻痺の方など片手しか使えない方が、購入したばかりのペッ

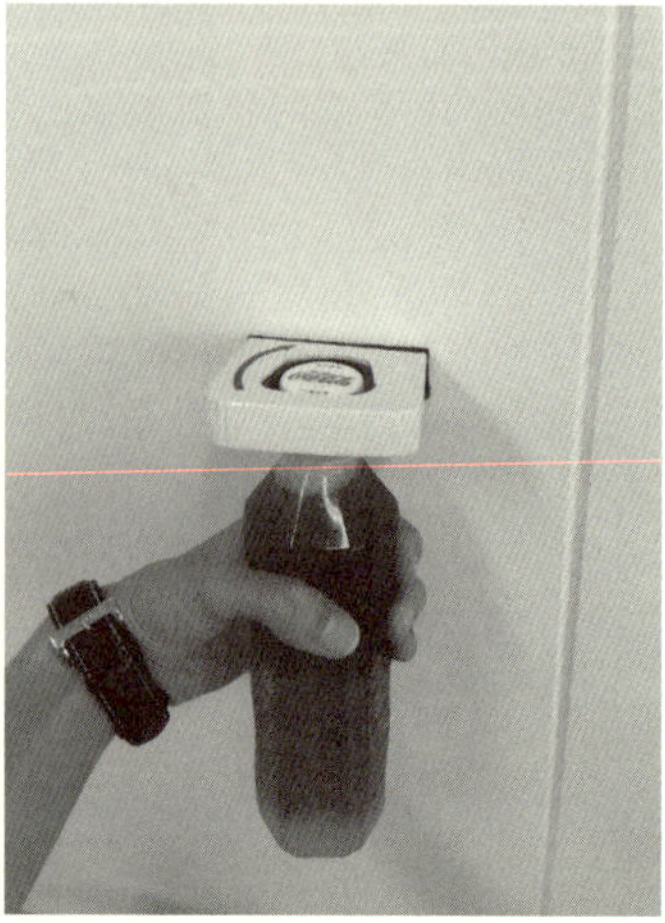
図 2-10　壁当てキャップオープナー

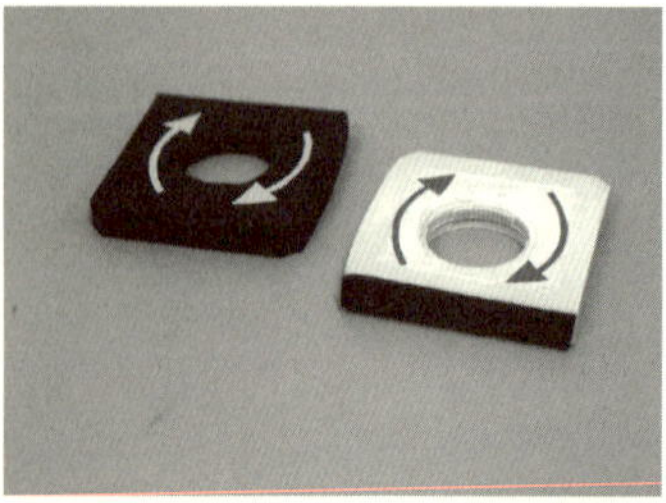
図 2-11　壁当てキャップオープナー(2号)

図 2-12　クロッグ・オープナー

トボトルの蓋を片手で簡単に開けられる「壁当てキャップオープナー」（図2－10）を考案した。V字の穴の内側のゴムにキャップを差し込み、壁に押し当てながらキャップを回さず片手でボトルを回すことで、小さな力でキャップを開けることができる。

⑼　**壁当てキャップオープナー（2号）**

「壁当てキャップオープナー（2号）」（図2－11）の蓋を固定する丸穴には、キャップ外周の溝としっかりかみ合うように、内向きに溝が切られている。キャップを回さず片手でボトルを回すことで、小さな力でキャップを開けることができる。

⑽　**クロッグ・オープナー**

片麻痺の方が片手で楽々とお弁当パッ

クを開けられる「クロッグ・オープナー」（図2－12）を考案した。コンビニのお弁当はラップ包装され、蓋もしっかりと閉まっていて、両手でも開けるのに苦労する。このクロッグ・オープナーは、ラップを切り開けられ、蓋を開ける際にはパックを机の上にしっかりと固定する役割を担う。

図2-13　かぱっとリング

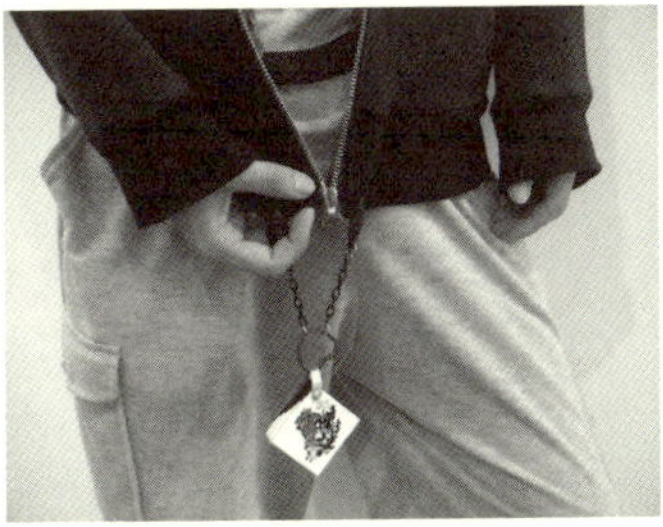
図2-14　ファスナークリップ

⑾　かぱっとリング

片麻痺の方が片手でお弁当パックを開けられる「かぱっとリング」（図2－13）を考案した。ラップ包装されたお弁当パックの場合、片手でラップを剥がして、しっかりと閉まった蓋を開けることはとても苦労する。容器を壊さず簡単に開けられれば、食べ残したときも保存容器として再利用できる。

⑿　ファスナークリップ

季節によって、ファスナー式のアウターを着て肌寒さをやわらげたり、そのファッション性を楽しんだりするが、片麻痺の方にとってファスナーを閉める動作は一苦労である。そこで、片麻痺の方が片手でファスナーを閉められるコンパクトな「ファスナークリップ」

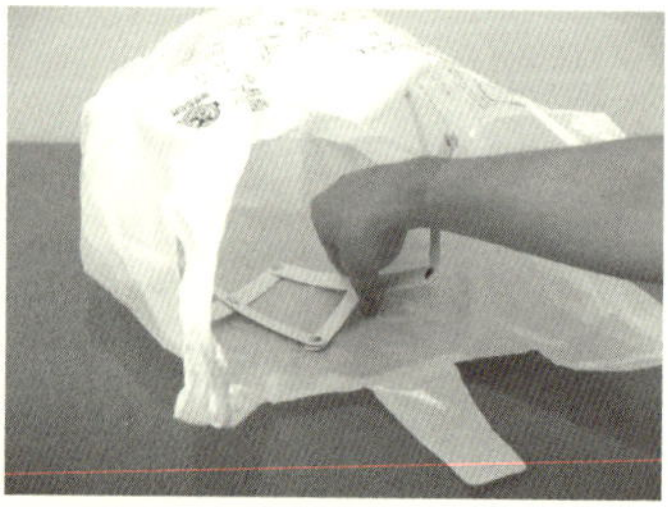

図2-15　バッグオープナー

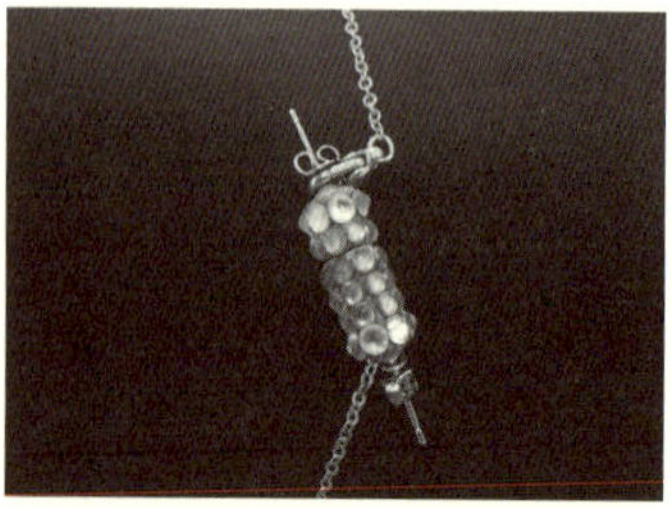

図2-16　マグネックレス

（図2－14）を考案した。

⒀　バッグオープナー

スーパー等での買い物の際に、カゴに入っている商品をエコバックやビニール袋に移し替えることは、片手が不自由な方にとって容易なことではない。そこで、エコバック等の口を開いた状態で自立させることができる「バッグオープナー」（図2－15）を考案した。

⒁　マグネックレス

ネックレスを身に着けるためには、両手を使う必要がある。片麻痺の方が市販のネックレスを簡単に身に着けられるようにするための補助具「マグネックレス」（図2－16）を考案した。既存のマグネット付きのものとは異なり、工具を使わずネックレスの端部に装着でき、あとはマグネットの力で簡単に身に着けることができる。

⒂　First　Finger　Contact

健常者がコンタクトを装着する際は、片方の指でコンタクトをつけ、もう片方の指で上まぶたを持ち上げる動作を行なうため両手を使う。このような動作は片麻痺の方には困難であるが、片手で簡単にコンタクトを装着できる「FFC」（図2－17）を考案した。

⒃　ビリヤードサポーター

より多くの人がビリヤードを楽しむことができることをコンセプトに、片手でもショットを安定させることのできる補助具「ビリヤードサポーター」（図2－18）を考案した。装着した状態でキューを回転するとキューの傾きが変わるため、球の上、中、下を簡単に狙うことができる。

⒄　カタテ蝶（図2－19）

靴紐を用いたタイプの靴があるが、片手が不自由な方々にとって、靴紐を蝶結びにすることは非常に困難である。そこで片手のみで蝶結びできる「カタテ蝶」を考案した。靴を履く際に装着

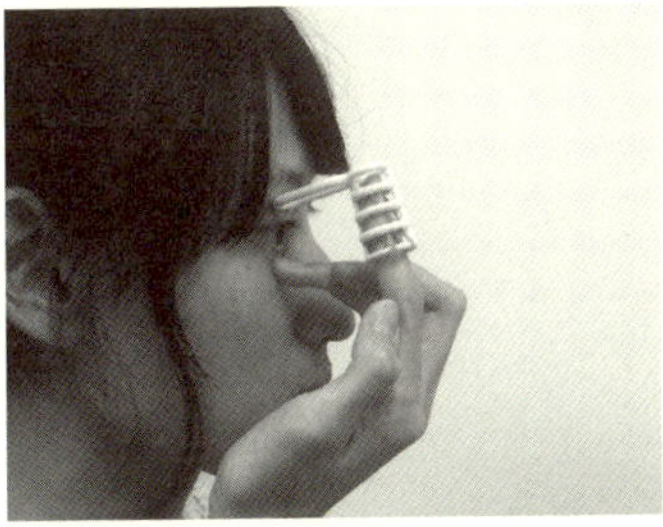

図2-17　First Finger Contact

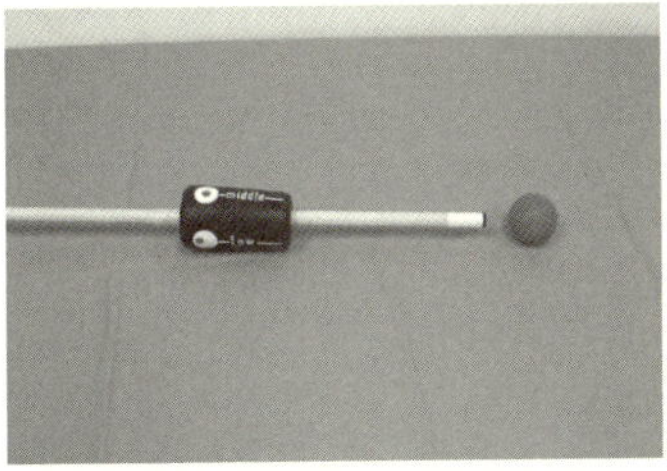

図2-18　ビリヤードサポーター

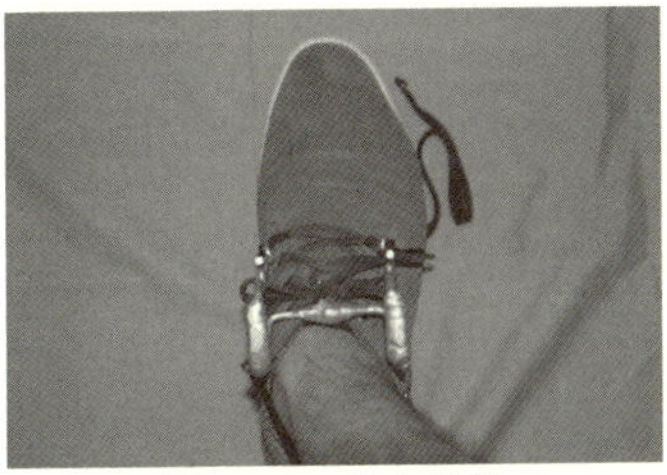

図2-19　カタテ蝶

し、靴紐を順次交互に移動させて蝶結びを作り、最後に取り外すだけである。

■スポーツGOMI拾いへの参加

墨田区商店街連合会事務局長の井上氏よりN.RESCUE国際救助隊に次の依頼があった。墨田区、江東区、中央区の商店街が連携して開催するスポーツGOMI拾い（平成26年11月16日）への参加要請であった。

スポーツGOMI拾いとは、ゴミの種類や質をポイント化し、ポイント数で勝敗を決めるスポーツ感覚のゴミ拾い活動であり、日本スポーツGOMI拾い連盟のサポートのもと全国各地で開催されている。

私たちは、審判1名と競技者5名のチームを構成し、撮影係1名とともに江東区のスポーツGOMI拾いに参加した。ゴミ拾いは競技者のみが可能であり、審判はあくまでもゴミの種類や質を判別する役割である。一定の時間内で、決められた地域のゴミを拾い集め、ゴールに戻ってくる必要がある。ゴールできたチームのゴミを点数化し、最高得点を取得したチームを優勝とする。江東区会場も多数のチームが参加しており、地区住民、商店や大学など様々であった。

今回は、地区住民の子どもと母親で構成されたチームが優勝したが、構成員の主が子どもであったがとてもたくさんのゴミを拾い集めてきていた。やはり、街の中でどのあたりにゴミが捨てられているかなど、街の様子を熟知していたのが勝因であったのではと分析する。

初めて参加して、競技性があるがゆえに飽きることなくゴミを探し続けられ、同じチーム内でも競い合いが生まれ他の競技者より先に見つけたときに不思議な喜びを感じていた。今回は、G

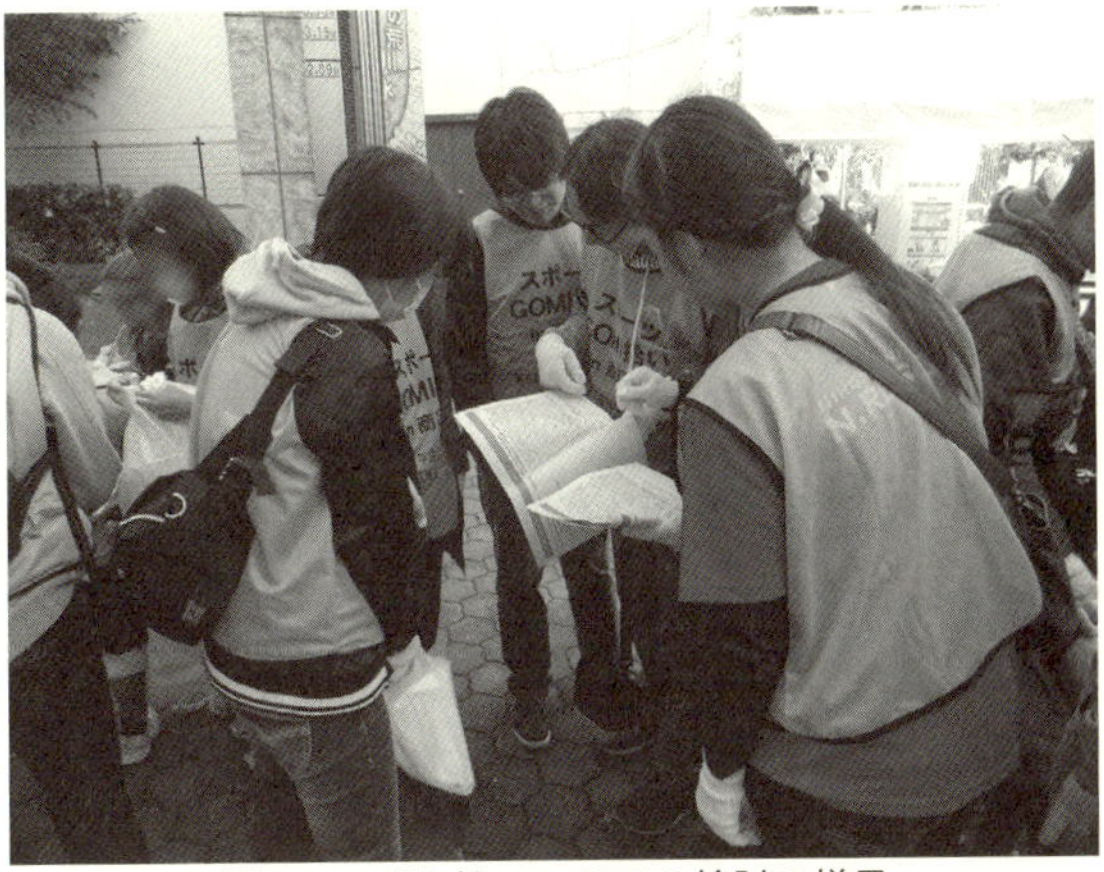

図 3-1　ゴミ拾いエリアの検討の様子

図 3-2　チーム一丸となってゴミ拾い

ＯＭＩ拾いがテーマであったが、類似の新しい奉仕活動が益々増えていくことで、住みやすい街づくりや街興しにつながることを心より期待する。

図 3-3　チームごとにゴミの計量

図 3-4　全チームが集めたゴミ

■ロボット講座の開講

子どもたちへの教育支援は、日本の未来への大きな投資であり、日本が益々発展していくためには、国を挙げて何よりも先に行なわなければならないことであると考える。私たちは、これまでも大学のイベントとして実施してきた「ロボット講座」を、さらに機会を増やすためにN.RESCUE国際救助隊として実施することとし、本学の学生メンバーにもアシスタントをお願いし実現した。具体的には、お相撲ロボットづくりを通して、子どもたちに理工学の楽しさ、算数、理科、コンピュータやプログラミングの基礎を、「わくわく」「はらはら」体験しながら学んでもらうことを目的としたロボット講座(平成27年1月10日)を開講した。今回は、大学近隣にお住まいの小学3年生から中学1年生までの7名が参加した。

使用した教材は、プログラミングにより自由に制御できるマイコンを搭載したLEGOブロックである「MindstormsNXT」を用いた。1人に対して、コンピュータと合わせて1セットずつ貸し出した。今どきの小学生は想像以上にコンピュータを使いこなせるので、私たちの子ども時代から比べると家庭環境が大きく変化していることを感じた。

講義は、1時から5時までの4時間を予定していた。最初に、基本的な組み立てやプログラミングの仕方を体験しながら学習してもらい、その後、土俵上でお相撲をとるためのロボットへの改造とプログラムの作成に取り組んでもらった。勝敗は、土俵から出たら負け、倒れたら負け、壊れたら負け、試合中に手で触れたら負け、1分以内に勝負が決まらなかったら引き分け、という単純なルールであった。それぞれが4人と対戦できるように振り分け、勝ち数が多いものから優勝、準優勝を決定した。

教材が、子どもたちの関心を惹くものであったため、常に、真剣に楽しく取り組んでいた。勝敗を決めるということもあり、戦い方の戦術を考えて、プログラミングを行なったり、相手を攻撃するための武器をたくさん作ったりと、工夫は様々であったが、常に、目がきらきら輝いていた。途中、休み時間を与えても、まったく休むことなく取り組み、4時間以上も一生懸命頑張っている様子にとても嬉しく感じた。通常、子どもの勉強に対する集中力は、短時間しか続かないといわれているが、興味をそそる内容であれば、遊び要素を含めれば、そんなことはないのだといつも感じさせられる。最後のお相撲大会も予定通り無事に終わり講座を閉会しようとしたところ、「もっと続けてやりたい」「あと1時間やりたい」など積極的なアピールもあった。しかし、会場を借りている都合などで閉会しなければならなかったのは、参加してくれた子どもたちにはかわいそうなことをしたと感じている。

今回もであるが、子どもたちはこのような機会に参加できることを大変喜んでくれるため、地域などでこの様な機会を増やす取り組みが今後益々行なわれれば、もっとたくさんの子どもたちが参加でき、彼らの成長や日本の発展に大きく寄与できることとなると考える。

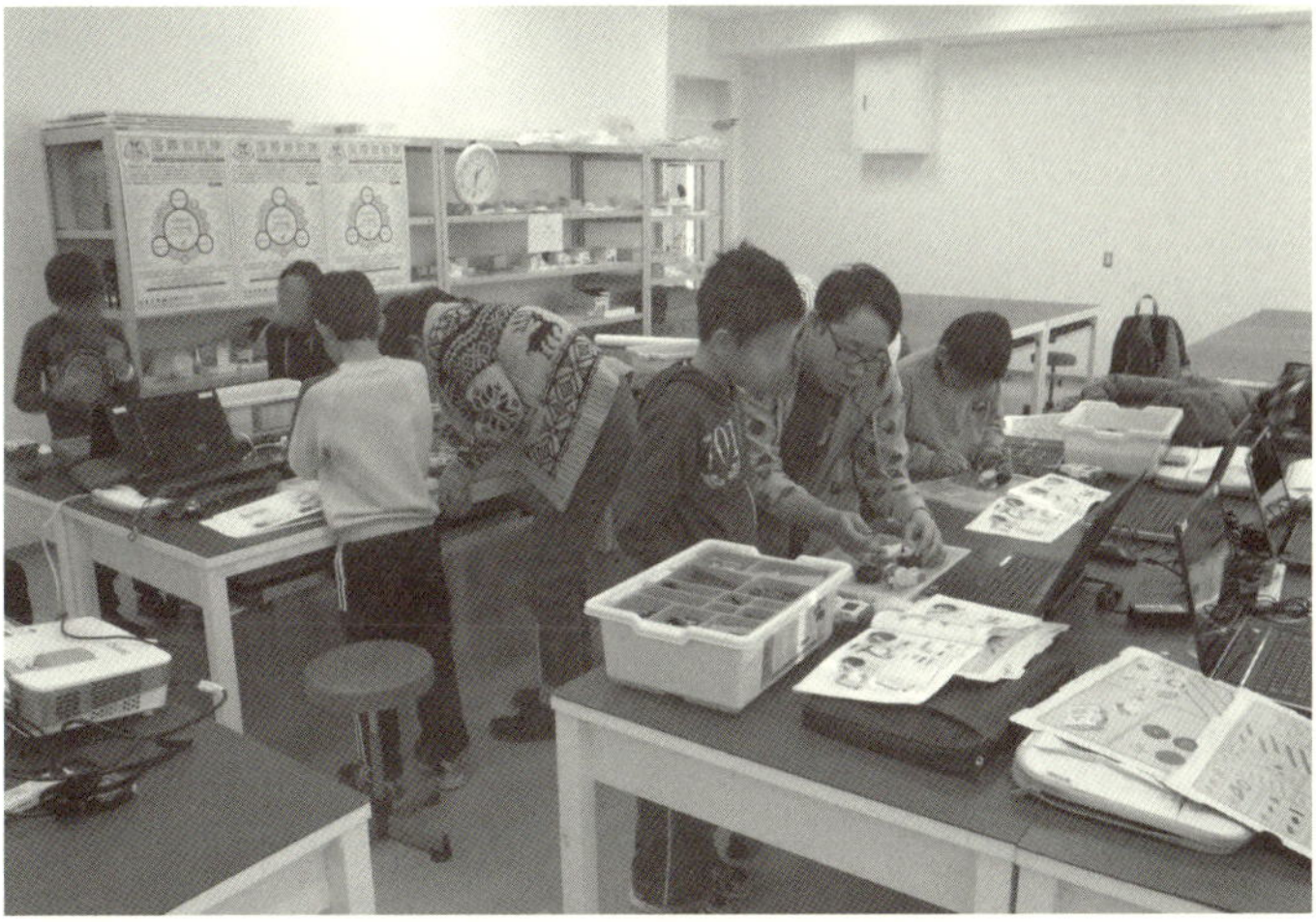

図 4-1　ロボットの組み立て体験開始

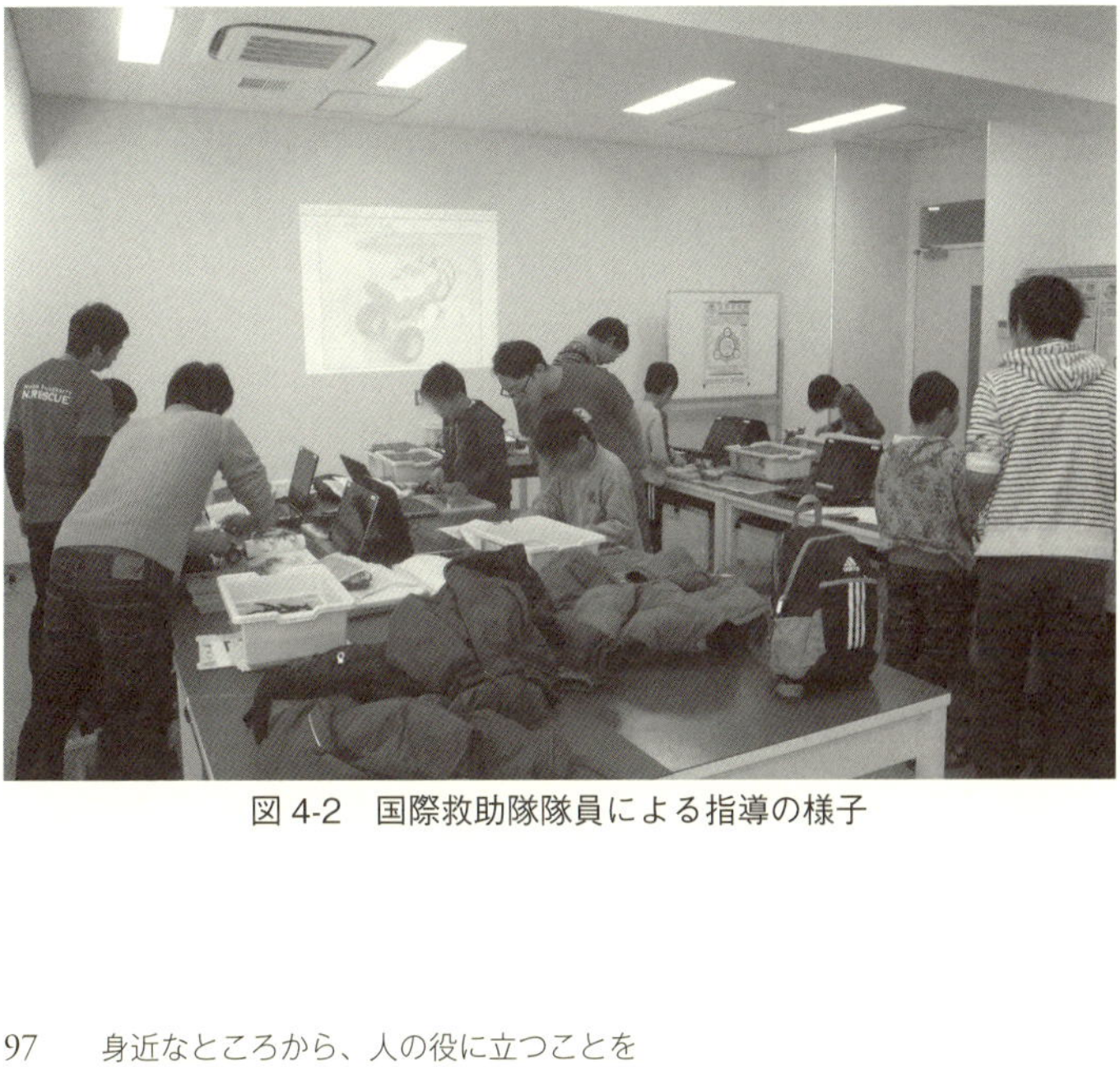

図 4-2　国際救助隊隊員による指導の様子

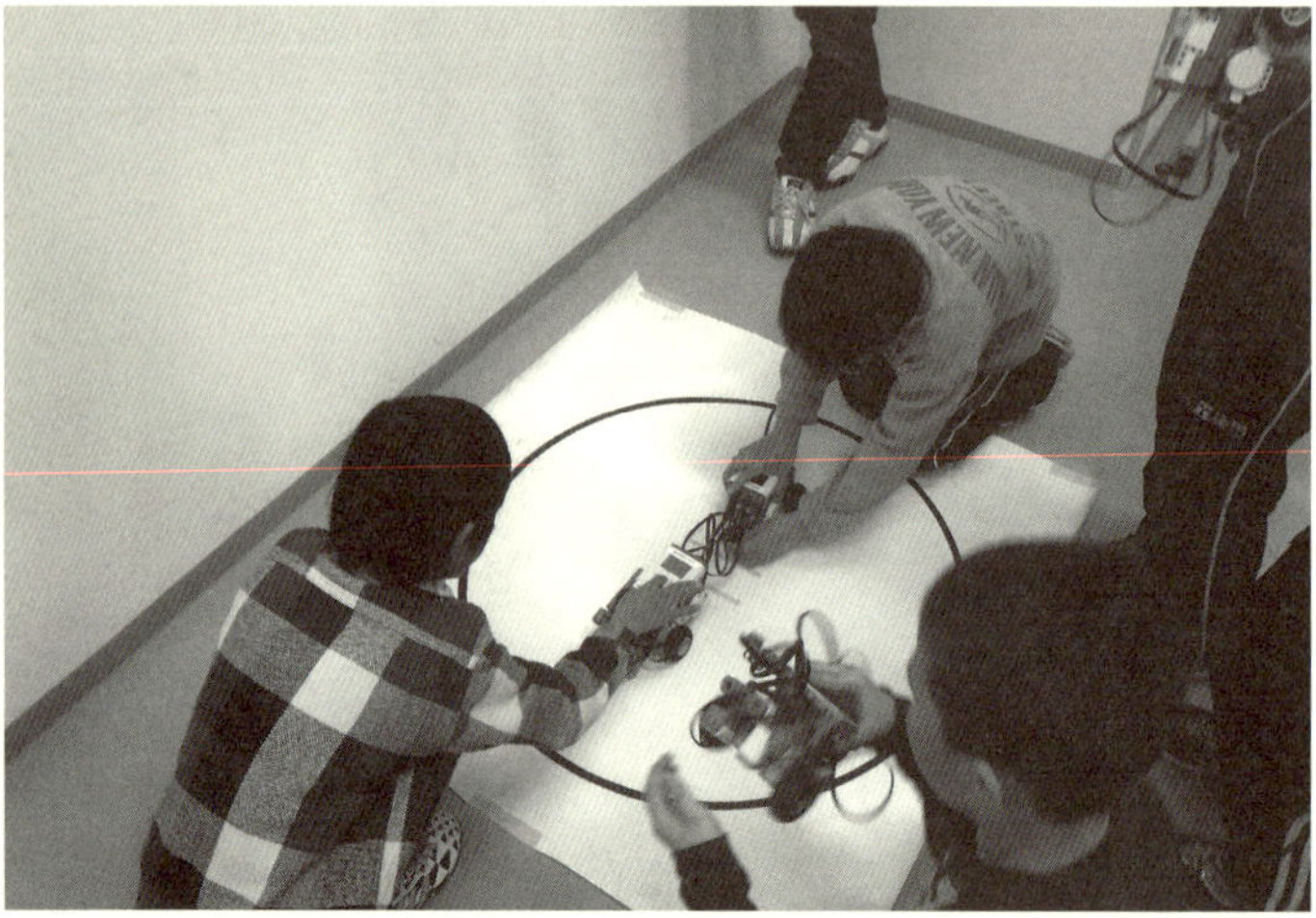

図 4-3　お相撲大会の様子

■まとめ

N. RESCUE国際救助隊のメンバーとして何ができるかを考えたとき、とにかく、身近なところから人のために役立つことを行なっていくことが大切だと考えた。実施にあたっては、内田研究室に所属する学生たちの若くて元気な力を借りることでものづくりやことづくりに結びつけることとした。簡易組立式災害用段ボールトイレの考案は、学生が経験してきたボランティア活動から生まれたテーマであり、福祉用具の考案は障害をもつ方々のために何かしたいという学生の気持ちから生まれたテーマであった。

はじめは、それぞれが少ない経験に基づいて手探りで進めていくが、途中、私や専門家の方々からの助言を受けたり、お互いに自分の考えを説明したり他者の意見を聞き入れたりすることで、思考力や行動力に大きな変化が生まれ、必ずやり遂げるという責任感に結びついていた。特に、お互いが仲間であり常に助け合いながらやり遂げることの大切さ、仲間であるからこそ率直な意見を交わすことの大切さと計画立案と進捗に応じた見直しの大切さを学んだ。

また、どのテーマも、最後は展示会等で一般に公開したことで使用者からの意見を聴取し、「誰かのために」とは何をすることが重要なのかを肌で感じてもらい、認められることの喜びも感じてもらった。これは、言葉で教えることではなく、自分たちが暮らしている生活や環境の中で起こる様々な体験から感じ取ることが最も大切であり、それぞれが使用者から受けた刺激が今後の日常で自然とその行動に影響を与えるものと考える。見ず知らずの他人と話すことへの抵抗感もなくなり、他人が理解できるように話すにはどうしたらよいかを考えるようになった。

このような「誰かのために」をキーワードにみんなで取り組むことは、1人ではないという安心感に基づいた、個人と集団の両方の成長に大きくつながったと考える。このような経験をしたからこそ、誰かから援助を求められたとき、進んで体を動かせる力強い行動力を持った人間に成長したのだと考える。サイエンスアゴラ2014やスポーツGOMI拾いへの参加、ロボット講座の開講などは、完全に彼らの無償の協力によるもので実現したものであり、心より感謝する。私たち大人は、彼らの成長につながる機会を見つけたら軽く背中を押してあげることがとても大切であり、このような機会を作るために、N.国際救助隊の多岐に渡るアウトリーチ活動は、若者たちの新しい経験に必ずや結びつくため、今後も大いに期待されるものと考える。

【参考文献】

1）山下亨，「阪神・淡路大震災と新潟県中越大震災の教訓トイレが大変！災害時にトイレ権をどう保障するか」，近代消防社，２００５．

2）山下亨，「現代のトイレ事情災害・イベント編」，東京法令出版，２０００．

3）都市環境部環境保全課，第23回災害時のトイレに関するアンケート集計結果及び分析，Uモニ（浦安市インターネット市政モニター制度），２０１２，ＰＰ．１－３．

N.RESCUE

05

肉眼と顕微鏡で微生物を「見る」こと

生物資源科学部 食品生命学科
准教授 古川 壮一

■ 微生物とは

微生物とは肉眼で「見えない」生物というのが定義であるが、実際のところ何億もの細胞が集まれば集落（コロニー）を形成し、肉眼で見ることができる。このコロニーの大きさ、形、色、光沢などには多様性があり、それに匂いも様々である。普通は素手では触らないものの、触った感触にも多様性があるだろう。

実際、微生物細胞のサイズは概ね1～10マイクロメートルである。1マイクロメートルは1ミリメートルの1000分の1なので、それは非常に微小なものであるが、そのように小さな微生物細胞も、虫眼鏡では見えないけれども、顕微鏡を用いると「見る」ことができる。

■子どもたちが肉眼と顕微鏡で微生物を見る

本N.RESCUEプロジェクトの中で、我々は教育支援の一環で2013年と2014年のサイエンスアゴラに参加し、子どもたちに肉眼と顕微鏡で微生物を見てスケッチをする実験を行なってもらった。

用いた微生物は発酵食品に関するものであり、黄麹菌（日本酒、醤油、味噌）、白麹菌（焼酎）、黒麹菌（泡盛）、酵母菌（お酒一般、パン）、乳酸菌（ヨーグルト、漬物、他様々な発酵食品）、酢酸菌（食酢）などである。これらの菌のコロニーを実際に肉眼で観察し、また匂いをかいでもらうと、子どもたちから「いい匂い！」とか、「臭い！」など様々な反応が返ってきた。また、麹菌や酵母を顕微鏡で観察してもらうと、「きれい！」であったり、「気持ち悪い！」であったり、様々なレスポンスがあった。なかでも、酵母が麹菌に比べて「地味！」という小学生の女の子のレスポンスには思わず皆笑ってしまったが、実に的を射ている。

とても興味深げに子どもたちがコロニーを観察したり、さらに勝手に低倍率顕微鏡でコロニーを観察したりする姿、そして高倍率顕微鏡で微生物細胞に焦点を合わせようとするのに悪戦苦闘して、結果的にこちらで焦点を合わせてあげたものを観察したときに驚く様などをみていると、こちらも自然とサポートを楽しむ気持ちにさせられた。そして、それが終わった後に、ふと「サイエンスとは何なのか」、「サイエンスとは本来何であったのか」ということについて改めて考えさせられた。

■これまでのサイエンス

近代サイエンスの起源は紀元前数世紀のギリシャに由来するとされており、その歴史は2千数百年になる。ただ、現代に続く近代サイエンスは概ね16世紀から17世紀にかけてその基盤が築かれ、その後今に至る約400年の間に大きく発展した。近代自然科学は、ティコ・ブラーエやケプラーらの天体観測に始まりガリレオ、デカルト、そしてニュートンに結実する力学すなわち物理学の発展に始まる。ここでは、15世紀そしてその遥か昔から続く肉眼による天体観察という、肉眼で「見える」ものから科学が始まったことがわかる。その観察精度が、1608年の望遠鏡の登場により飛躍的に進展し、さらなるサイエンスの進歩に大きく寄与したのである。

18世紀以降は錬金術から化学が発展し、その後原子や分子の概念が確立され、同時に様々な物質を人工的に合成できるようになり、それが化学産業の発展に寄与することになった。物理学も熱力学、電磁気学、核物理学から素粒子物理学へと長足の発展を遂げ現代に至る。これらの詳細は成書をご覧いただきたい。

■これまでの微生物学

一方、微生物はオランダの織物商レーウェンフックの自作の顕微鏡により、17世紀の後半に、はじめてその存在が確認された。その後、19世紀の後半にパスツールにより酵母がアルコールを生産できることが見出され、同じ時期、コッホにより病気を引き起こす微生物がいることが明らかにされた。微生物が発見されてからの200年間は、微生物の存在は知られていたものの、それらの働きについてはほとんど明らかにされていなかったのである。なお、発酵食品の歴史は紀元前3000年より以前のメソポタミア時代に遡る。人間は、微生物の存在を知るはるか昔から、微生物と暮らしながら微生物を利用してきていたのである。

その後、アルコール発酵は酵母をすりつぶした液でも起こせることが明らかになり、それが酵素の発見から生化学の発展につながってゆくことになる。その後、生化学は遺伝子工学や分子生物学の発展の基礎となった。なお、遺伝子工学や分子生物学の初期の重要な研究の多くは微生物を用いてなされている。また、コッホの医学細菌学はその後の医学の発展に大きく貢献した。このようなことから、現代の生命科学のベースは微生物学によりその多くが形作られてきたともいえる。

■サイエンスにおける「見る」こと

ところで、これら、近代サイエンスを進歩させた研究の端緒は、ほぼすべて「見る」ことから始まっている。なお「見る」にはそれ以外の五感も含まれるとしてよいであろう。そのようにして、「見る」ことにより個々の研究者の興味を引いた物質、現象、生物が研究の対象になり、多くの分野で自然の真の姿により近いものが次々に明らかにされてきたのが近代サイエンスの歴史であるといってもよいであろう。

元日本大学 生物資源科学部 教授の別府輝彦先生（東京大学名誉教授）が、これら「見る」ということについて記載されていた一文があり、筆者も感銘を受けたので一部改変して引用したい。

1969年ころにセント・ジェルジ・アルベルト（ビタミンCの発見などにより1937年度ノーベル生理学医学賞を受賞）が来日し講演がラジオで放送された。そのなかで、筆者が今でもよく覚えているのは、「実験は見ることだ」という「若い研究者へのアドバイス」である。「今では皆さんは実験をするのに非常に進んだ複雑な機械を使っているだろうが、最も精巧で稔り多いのは人間が頭と目を使って対象を見るという方法であって、いくら機械が優れていてもそれはただの眼鏡に過ぎないことを忘れてはいけない」。彼はおおよそそういう話しをしたと思う。現在に置き換えて言いなおせば、直径500メートルのSpring-8や1台10億円のNMRも全て眼鏡だということになる。これはまったくそのとおりで、生命科学がかつてなら信じられないような巨大科学になったいまだからこそ、「見る」というもっとも個人的で体感的な行為の意味はいっそう重視されなくてはならないだろう。

別府輝彦．未来はためらいながら立ちあがる．蛋白質核酸酵素，pp.1732-1733（2006）

つまり、近代サイエンスの黎明期に用いられていた望遠鏡から地上600キロメートルを周回するNASAのハッブル宇宙望遠鏡、ニュートリノ検出に用いられているスーパーカミオカンデ、そしてヒッグス粒子の発見に用いられた欧州原子核研究機構（CERN）の大型ハドロン衝突加速器（LHC）まで、やはり全て眼鏡であるということになる。この点については自分もそう思う。ただ、サイエンスにおいては、上記のような新しい「眼鏡」の登場により目に見えないものが見えるようになったことで、人々の世界観が変わるほどの進歩が度々起こってきたということである。

■サイエンスにおける眼鏡とサイエンス

自然界の多くのものは、微生物のようなわかりやすい例を取り上げるまでもなく、ほとんど人間の肉眼では見ることはできないものも多い。ただ、日本酒もろみ中の酵母菌が糖をアルコールに変換していることがわかった後になって日本酒造りを振り返ってみれば、それらの変化を五感で感じ取ることはできるし、同時に人間の言葉でその過程を記載することもできる。実際現代の杜氏も、化学的なデータを取りながらも、五感を動員して日本酒をつくっている。要するに、眼鏡を通して見えないものが見えるようになって、ブラインドサイドも含めた全体が見えるようになり、全体像を人間の言葉で記述することができるようになったわけである。

そのように考えると、近代サイエンス、特に自然科学は「眼鏡」開発の歴史であるともいえるかもしれない。個人的には、サイエンスとは「自然を人間の言葉で記述するためのシステム」であると考えている。ここでは、さしずめ「眼鏡」は自然と人間の翻訳機械であろうか。かように「眼鏡」は大切であり、ノーベル賞も様々な分野の観測機器（眼鏡）の開発に授与される場合が多い。２０１４年度のノーベル化学賞も超高解像度蛍光顕微鏡の開発が受賞対象になった。

■微生物研究における「見る」こと

我々の研究対象である微生物も、個々の細胞は見えないものの、集合体になれば見えることは冒頭に述べた。我々の分野では、微生物の様々な顔をつぶさに見ることは、研究におけるとても重要な作業である。研究室では、我々が独自に見つけた現象や微生物を対象に研究を展開することに重きを置いている。また、学生さんたちには自分で見て考えること、そして眼鏡を使う場合はその「翻訳」のメカニズムをよく理解することを求めている。結局、そのようなことによってしか、研究の本質的な進展と対象とする自然を少しでも本質的に理解することにはつながっていかないのではないかと考えている。

このようなわけで、子どもたちには、肉眼と顕微鏡で微生物を見て、五感で感じてもらうというとてもシンプルな実験を行なってもらった。シャーレの上で微生物が形成したコロニーの向こうに大自然を感じてほしいと願っている。その過程でなにがしかの感動や興味魅かれるものがあったのであれば、微生物についてみずから知ることに小さくとも一歩を踏み出してもらえばこれ以上の喜びはない。

■大学とN. RESCUEの今後の展望

個人的には、大学とは「前の世代から知を受け継ぎ、それに創造した新たな知を付け加え、それらを整理して次の世代に引き渡すシステム」であると思っている。簡単にいえば、「知の創造的交差点」とでもいう場所であろうか。そのなかで、特に知を創造する過程においては、分野によりその比率は異なると思われるが、「見ること」と「考えること」が共に求められるであろう。日本大学の教育理念・目的は「自主創造」である。これは、個人的には、「自ら見て（触れて）考える」ことができる人材を育成することを日本大学の本務にしているということであると理解している。

そのなかで、N.RESCUEが果たす役割は、災害復旧・復興、地域活性化、教育支援などを通して大学そのものが多様なかたちで社会に貢献しながら、本プロジェクトに従事した学生が、「自ら見て（触れて）考える」ことができる人材に少しでも近づける経験をすることにあると考えている。

「自ら見て（触れて）考える」には、実際に様々な経験を通して、それがどのようなことであり、なぜそれが大切なことなのかを経験的に学ぶ必要がある。であるから、大学には卒業研究があるのだと考えている。また、「自ら見て（触れて）考える」ことができる人材には、専門分野以外にも広く目を向ける姿勢や、様々分野の人々とコミュニケーションを取りながら共に働くことができる能力が求められよう。無論、このようなことは社会に出てから経験することではあるが、そのベースになるものを大学でいかに経験的に学ぶかという点も重要である。このような経験は、学部横断的な取り組みのなかでこそ可能になるものであり、それは本学のような総合大学でこそ実行可能であろう。

学部横断的な組織として、災害大国日本を代表する日本大学の中に、被災地をサポートするシステムを教育に組み入れるかたちで大学内に持つことには、十分な意義があることと考えている。このことは、わかりやすくは大学の社会貢献というかたちで、そして長い目で見ると人材育成を通した社会発展への貢献というかたちで、結果的に評価されるものであると信じている。

N.RESCUE

06

口腔衛生と全身の健康に関する社会実験

歯学部 歯学科
教授　岩田 幸一

■日本大学付属高校における社会実験

２０１４年10月２日、佐野日本大学高等学校にて、口腔衛生と全身の健康に関する社会実験を行なった。佐野日大高校においてはN.RESCUE隊のトラックは出動せず、佐野日大高校の体育館において１年生を対象に口腔衛生の重要性に関する講演を行なった。本実験の目的は高校生に対して、口腔衛生の重要性を理解してもらうと同時に、災害時に本講演を聞いた学生が積極的に口腔衛生指導を行なうことができるように指導することである。そこで、日本大学歯学部歯周病学講座の菅野直之准教授に対し、口腔の衛生と歯周病の関係に関する講演をお願いした。講演に際しては、本プロジェクトの重要性を説明した後に、菅野直之准教授から口腔衛生の重要性

佐野日大高校の体育館で、学生に対して講演を行なっている菅野准教授

に関する講演を行なった。講演は多くの口腔内写真を駆使して学生ができるだけ理解しやすい内容とした。

当日は雨模様であったが、体育館を利用して５００名の学生を対象にしたが、第１学年ということもあり、皆静かに講演に聞き入っていた。今回はいわゆる学生講義の形式であり体験学習という形式をとっていないため、どの程度理解できたかを量ることはできない。次回は実際に口腔内の衛生指導を含めた様々な体験学習を取り混ぜた実験を計画すべきであろうと考える。

■サイエンスアゴラにおける社会実験

２０１４年11月９日、サイエンスアゴラに参加し、口腔衛生と全身の健康に関する社会実験を行なった。本実験は日本大学　歯学部　小児歯科学講座（白川哲夫教授）の全面的な協力を得て、実施された。本実験の目的は広く一般の人々に対して、口腔の衛生状態を維持することが全身の健康に寄与することを啓発し、口腔衛生の重要性の理解を促すことである。そこで、人の口腔内に存在する細菌の形態や動きを顕微鏡にて観察してもらい、口腔内に存在する細菌の実態を理解してもらう。また、口腔内の衛生指導を行なうことによって口腔内から検出された細菌数が減少することを体験させた。

当日は雨上がりで、気温も低くあまり良い環境ではなかったが、2時間で数十人の来場者を迎え、実験は滞りなく終了することができた。実験場所が屋外であったことから、N.RESCUE隊のトレーラー上を実験場所に設定した。トレーラーの荷台に細菌観察用の顕微鏡、モニター、口腔内衛生状態チェック用のスペースおよび歯ブラシ指導世のスペースを設定して実験を行なった。来場者はほとんどが親子で、対象は小児の口腔内から得られた細菌とし、顕微鏡観察を行なった。また、口腔衛生指導についても小児に対して行なった。実際に口腔内から摂取された細菌が画面上で動き回る様子は、多くの来場者の心を捉えた。また、歯垢の染め出しによって歯に付着した歯垢の状態を直視することによって、口腔衛生の重要性をさらに深く理解できたものと思う。このようなことから、小児に対する口腔衛生指導という点においてはまずまずの成果が得られたものと考える。しかし、本実験のもうひとつの目的である、一般の人たちに対する口腔衛生の重要性を啓発するという点では、どれほどの成果が得られたか不透明であり、実験方法の再検討が

サイエンスアゴラにおいて、白川教授が来場者に向かって細菌の動き等について説明をしているところ

必要であるかもしれない。
本実験は持ち時間が2時間、また午前中ということもあり、来場者数が数十名にとどまった。より多くの参加者を動員し、本社会実験のより大きな効果を得るためには、実験に先立ってより多くの人へ本実験の意味や意義等を流布する必要があると思われる。また、実際に口腔衛生の重要性を流布するためには、小児だけでなく成人に対してもこの重要性を理解させることが必要である。

N.RESCUE

07

宇宙エレベーターをテーマにしたロボットシステム教育の試み

理工学部 精密機械工学科

教授 青木 義男

准教授 波多野 正俊

■はじめに

本学理工学部では、設立当初より「ものづくり」「体験学習」といった実学教育を重んじ、これらを高度な理論に裏打ちされた技術開発に昇華させるための高等教育を実践してきた。この結果、人力飛行機による日本新記録樹立、私立大学初の小型観測衛星打ち上げなどの学生プロジェクトを成功に導き、平成19年度の文部科学省・特色ある大学教育支援プログラム（特色ＧＰ）に、教育方法の工夫改善を主とする取組「未来博士工房による自律性と創造力の覚醒」として採択された。現在、この未来博士工房では、人力飛行機、小型観測衛星の他、極限環境ロボット、ハードウェア組込技術応用、次世代モビリティなど、様々な課題についての技術開発学生プロジェクトが実施されており、参画した1年生～3年生の学生たちと担当教員の経過報告会を定期的に行なうと同時に、プロジェクト相互の情報交換を行なわせ、いわゆる、横のつながりをもつ場所としても活用されている。

一方、これらプロジェクトの企画立案に際しては、学生グループからの企画書、予算書、活動計画書などの提出を求め、

（1）斬新または高度な技術開発目標を掲げているか（ゼロからのものづくり）

（2）ＰＤＣＡサイクルの体得が可能であるか

を基本として実施の採否を決定している。

これらを求める理由は、（1）については、答えのわからない問題に対して、習得してきた理論や技術を駆使して適切な手順を予測することを学ばせるためであり、（2）については、失敗から改善策を見出す力を養わせるためである。この点において、機械システム、特に計測系、制御系が組み込まれ自動化された機械システムは、高度な技術開発を必要とするものが多い。前述の学生プロジェクトとして実施されている課題は、いずれもリスクアセスメントに基づく概念設計から始まり、詳細設計に至るまで工学倫理、信頼性工学、機構学、力学、電気工学、計測・制御工学など多岐に渡る概念や理論を駆使せねばならないし、１００点を超える部品の組み付けにおいては、設計製図や製造・加工の知識も活用せねばならない。しかし、斬新な機械システムの

技術開発は、テーマとしては魅力的であり、機械システムができ上がって目標に到達したときの達成感は、予想以上に大きなもののようである。

本報告では、この未来博士工房の次世代技術学生プロジェクトとして新たに開始された「宇宙エレベーター開発」について、ロボットシステム教育の試みと目指すところを中心に述べる。

■宇宙エレベーターとは

宇宙エレベーター（軌道エレベーター）は、Y・アルツターノフによって半世紀前に提唱された宇宙往還機構で、宇宙空間に物資や人間を運ぶために地球上と宇宙空間の長大な距離を昇降する、人類史上最大の輸送機器である。その基本概念は、図1に示すように、地上の自転周期と同じ軌道周期をもつ高度35,786キロメートルの円軌道上に大規模な宇宙ステーションを構築し、この宇宙ステーションから重心位置をずらさないよう上下に高強度のケーブルを展開して、下方向へ降ろしたケーブルが地上（あるいは地上付近）に到達したら、このケーブルを昇降軌道とするエレベーターを使って地上から宇宙空間への物資輸送を実現するものである。宇宙エレベーターが実現できれば、化学燃料の枯渇、地球環境汚染、スペースデブリ問題などに対応しつつ宇宙開発を推進できるため、アポロ計画以降のマクロエンジニアリング受難時代における起死回生技術として、内外で注目され始めている。

しかしながら、宇宙エレベーターは、現在、開発の初期段階であり、

構築手順：宇宙空間のどこで作り始めるのか、資材の搬入方法、建造手順などの検討。

基本設計：ケーブル設計、エレベーターペイロードなど基本要求事項と事故・故障対応の検討。

機構設計：エレベーター機構の検討、安全設計。

ステーション設計：静止軌道、低軌道、海上などに構築するステーションと要求事項の検討・設定。

などを多様な観点から検討する必要がある。実際に宇宙エレベーター協会のフォーラム(http://www.jsea.jp/about-se/)や、米国のB・エドワーズ博士が構築した基本情報サイト(http://spaceelevatorwiki.com/wiki/)においても、様々な議論がなされている。これらを参考に、以下の観点から、技術的な課題やその検証のための要素実験や基礎理論について考える。

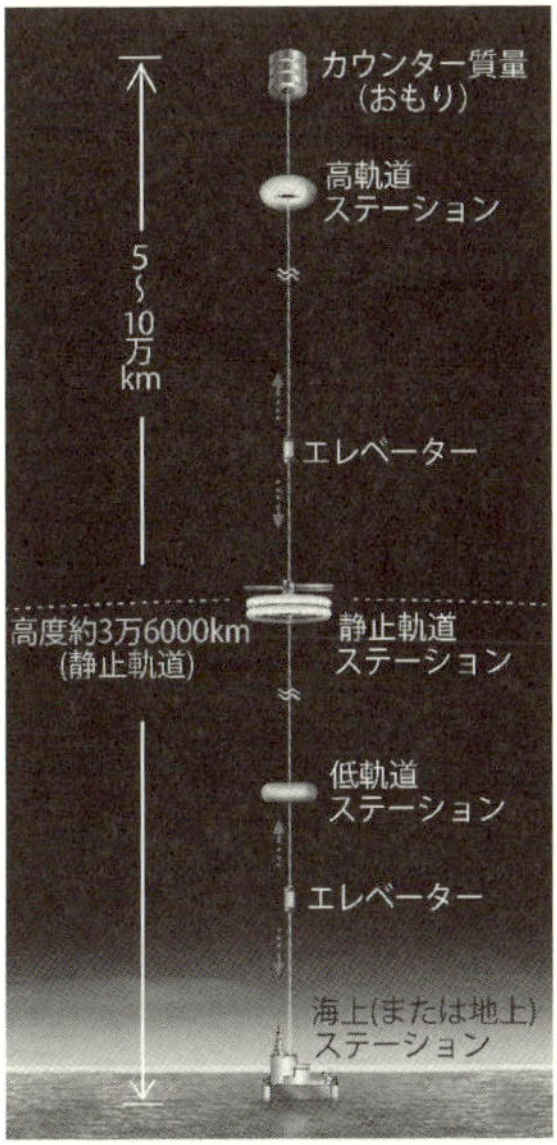

図１　宇宙エレベーターの概念図
(宇宙エレベーター協会 提供)

■宇宙エレベーターの構築環境

高校の物理で学ぶ万有引力と円運動の関係、ケプラーの法則などの復習と共に、円軌道上の衛星の運動方程式から衛星軌道のシミュレーションなどを活用し、軌道運動の基礎について理解させる。実際に宇宙エレベーターを題材にした高校物理の応用問題例も見受けられるので、教養課程の学生にも無理のない題材であり、人工衛星の基礎で学ぶ静止軌道や静止トランスファ軌道を理解することで宇宙エレベーター構築の手順について基礎知識を得ることができる。また、静止軌道（赤道上空35,786キロメートル）から上方での力学条件や、静止軌道に至るまでの環境条件を学ぶことで、宇宙エレベーターシステム全体の運動や姿勢と共に、エレベーター本体が昇降中にどのような力学条件に支配されるか、化学環境に暴露されるかを把握することもできる。宇宙エレベーターの設計要件を把握する上で重要な課題である。

■宇宙エレベーターの機構（昇降メカニズム）

宇宙エレベーターという名称から、エレベーターと同様の機構を想像するが、ケーブルが非常に長く、固定された支持端点をもたない宇宙エレベーターでは、ケーブルを駆動する索道方式では非効率的となる可能性が高いので、主として自律昇降する機構が検討されている。このような機構を開発するためには、駆動装置の選定、力伝達や力拡大の方式、エネルギー供給方法、速

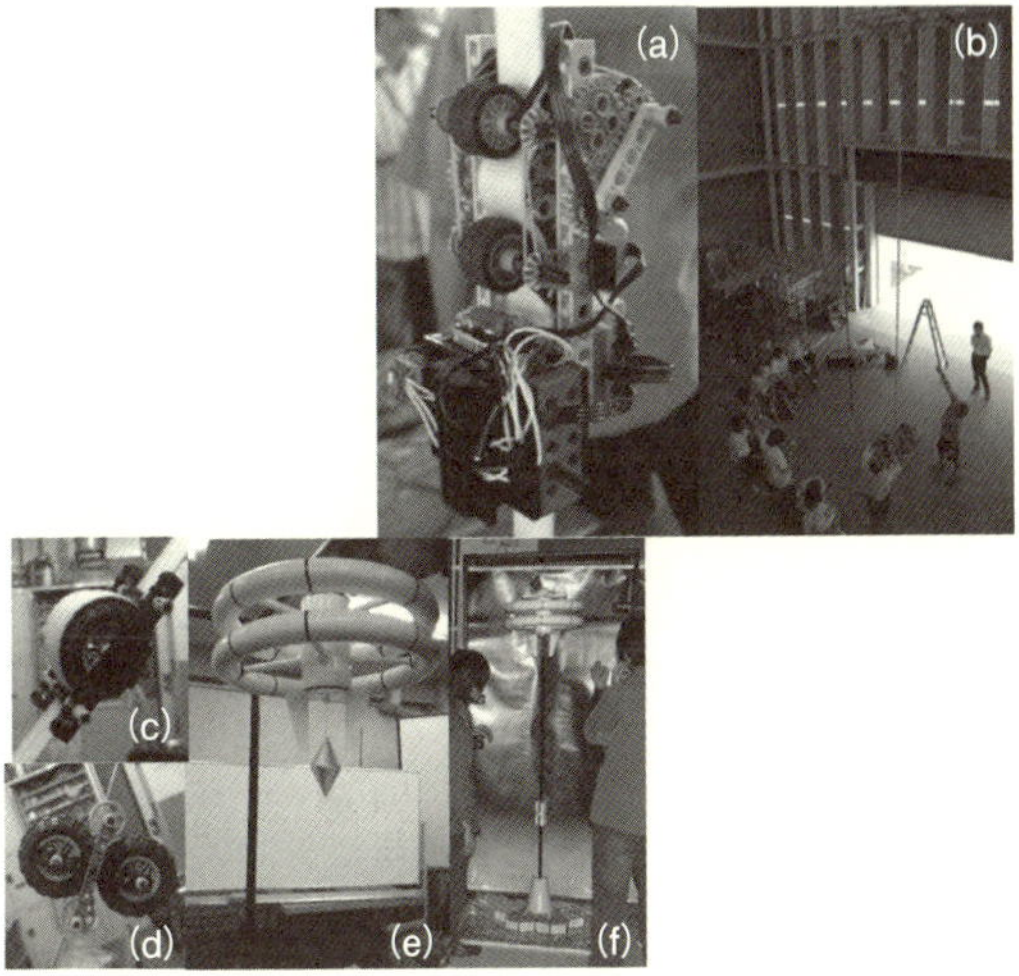

図２　レゴ機構モデルと宇宙エレベータージオラマ

度制御や制動方式、安全装置などの様々な検討を行なうため、機械力学、電気工学、制御工学など機械—電気系の多様な知識を集約する必要がある。大学の機械系や高等専門学校、工業高校などでは、高度な機械システムの題材として「自動車などの運行体」、「ロボット」、「飛翔体」を取り上げることが多いが、宇宙エレベーターは、どの機構とも機能的に異なる部分があり、従来にない長大な輸送システムであるため、新たな発想を生み出す良い題材である。

■次世代技術開発学生プロジェクトへの適用

宇宙エレベーターの概念やシステム構成は、前述の通りであるが、昇降機構については参考となる情報がほとんどない。そこで、最初の教材としてレゴブロックの基本パーツを学生に与え、昇降軌道に見立てたナイロン製荷締めベルトを無線通信で昇降するレゴクライマーモデルの製作を課題とした。学生たちは摩擦車やベルト伝動の機構を参考にして動力伝達効率などを計算し、図2（a）～（c）などのモデルを製作した後に、図2（d）に示す10メートルのナイロンベルト昇降実験を行なって、昇降速度とペイロードが高いモデルの取捨選択を行なった。

次にレゴクライマーモデルでの知見を踏まえ、総重量10キログラム以内の競技用クライマーモデルの製作を課題とした。図3に設計製作したクライマーモデルを示すが、当初目標性能とした最大昇降速度2メートル／秒、制動加速度0・1G以下をモーターパワーコントローラーの利用によって実現し、3軸加速度センサー、高度計、CCDカメラとデータロガーを搭載して昇降時のクライマーの動的応答の計測や映像通信も実現できた。また、展示用に図2（e）、（f）に示すような宇宙エレベーターのジオラマも製作し、関連の講演会や展示会でのデモンストレーションに活用した。

参加した学生の多くは、レゴクライマーモデルを考案する段階から創造性を発揮し、積極的に取り組んでくれた。また、講演会や展示会でのデモンストレーションの際は、ユニークなテーマ

図３　学生の製作した宇宙エレベーター昇降機構

図４　講演会における宇宙エレベーター紹介展示

との印象から、図4のように見学者への説明や質問も大変多かった。彼らはこの受け答えに対応することで次第に力学や宇宙物理への理解を深めると同時に、自ら製作したことに対する達成感を再認識できたとの意見も聞かれた。

このように自ら創造する（概念設計）→設計・製作する→自らの作品を解説する、といった過程を繰り返し体験させることで、積極的に考えて学ぶ姿勢が身につくことが認められたが、この効果は見学者（反響）が多いほど倍加されるとも感じた。

■ピアサポートの実践による理解度向上

次に、次世代技術開発学生プロジェクトの一環として製作したレゴクライマーモデルを活用して、中学・高校理科系クラブ活動の支援教育を試みた。

数年前、本学の付属中学校・高等学校では、理科系クラブ活動を行なう生徒が減少し、特に物理部は廃部もしくは部員が非常に少ない状況になっており、理数系教員研修会で討議されていた。そこで、物理部や理科部を対象としたクラブ活動支援のため、「レゴを使った宇宙エレベーター製作」、「宇宙エレベーターの科学」といったテーマで、夏季休暇中や週末を利用したものづくり体験と動機付け教育を実施した。この際に中高生の製作支援と解説の個別対応を、前述の学生プロジェクトに参加した大学生に担当してもらった。図5はクラブ活動支援の様子であるが、レ

図５　中高生理科系クラブ活動支援の様子

ゴブロックという教材の身近さと、兄のような大学生と会話する感覚の気軽さに、中高生たちは短時間で熱中し、時間を忘れて宇宙エレベーターモデル製作に没頭した。一方、担当の大学生も「中高生にわかりやすく教える」ことを強いられるので、自分たちなりに教え方を工夫して説明していく、この繰り返しによって担当大学生達も教えながら学ぶことに目覚めたとの感想があった。

■おわりに

宇宙エレベーターを題材に、ものづくりを通じて行なったロボットシステム教育の試みについて述べた。一連の試みを通じて、参加した大学生からは、「自ら製作した機構が目標の昇降性能に達した際に大きな達成感と満足感を得た」、「機械の仕組み、機械系ものづくりに明確な興味をもつようになった」、「中高生を教えること（ピアサポート）によって、自らの物理現象に対する理解がより深まった」との意見が多く聞かれ、一定の教育効果が得られるものと感じた。また、中高生へのクラブ活動支援を通じて、現在、廃部だった物理部が復活もしくは物理部の部員数が増大したとの報告をいただいた高校が5校あり、大きな成果だと感じている。

イメージしやすい斬新なシステムを題材にして、物理学の原理・原則を習得していく方法として、宇宙エレベーターを記憶に留めていただければ幸いである。

N.RESCUE

08

キューバの防災メカミズムから学ぶこと
～古くて、新しいキューバの強み～

生物資源科学部 国際地域開発学科
助教　山下 哲平
学生隊員　喜多村 旬

■はじめに

２００５年に発生したハリケーン・カトリーナは、米国のルイジアナやミシシッピ、アラバマの３州を中心に大きな被害をもたらしました。被害を受けた7州で死者が１８３６名、行方不明者７０５名は今なお発見されていません。先進国である米国であっても、これほどの被害を出したことに世界は驚き、不安を抱いたことでしょう。しかし他方で、災害を未然に防ぎ、被害を抑えた事実は、あまり報道されません。今回着目するキューバでは、ハリケーン・カトリーナの被害を、死者４名に抑えたのです。

ハリケーンはカリブ海・大西洋で発生し、キューバやメキシコを通過して米国南東部を過ぎていきます。カリブ海で湿った空気を吸収して勢力を拡大し、発達した段階で、キューバを通過するのです。そのためキューバでは、1800年代のスペインの植民地時代から、ハリケーンによって何千人もの死者を出してきました。

本章では、経済的に豊かでもない、先進的装備もない、カリブ海に浮かぶ小国“キューバ”(写真1)が、どのように巨大ハリケーンの影響を最小限に抑えているのか、その防災システムと精神に着目し、「キューバ性」を基盤とする社会から学ぶべきことを紐解きます。

写真1　ハバナ旧市街
出所：筆者撮影

■キューバ防災システム

ハリケーンは、過去200年間で約200万人の命を奪いました。キューバは、昔から防災大国ではありませんでした。キューバ革命後の1963年に、ハリケーン・フロラが直撃し、多くの死者を出しました。これを契機にキューバ革命政権は災害対策の最優先事項を「人命救済」としたのです。それ以降、1995年から

２００６年までに計12回のハリケーン直撃受けましたが、死者総数34人（年平均３人）にまで抑える技術と防災行動を発展させたのです。

　では一体、キューバが防災・減災体制基盤を確立し、災害による被害リスクを減少させた要因はなんだったのでしょう。この１９５９年に始まる古くて、今着目される新しいキューバの強みを整理していきます。

図１　キューバ防災システム
出所：中村・吉田2011　より著者作成

　主にキューバの防災システムは３つに分類できます（図１の①A、②B／C、③D）。キューバ防災・減災システムの最大の特徴は、市民参加の主体性が諸外国と異なるのです。

　図１のキューバ防災システムを追って見ていきます。「防災哲学→A」には、まず防災方針（写真２）があります。これは、１９６３年に起きたハリケーン・フロラによる被害を契機に、フィデル・カストロを

A

写真２：1963年ハリケーンフロラ直撃の際、フィデル・カストロ前議長（左）と被災者の様子
出所：CUBA DEFENSA
http://www.cubadefensa/?q=ley-Sistema-defense-civi&b=d2

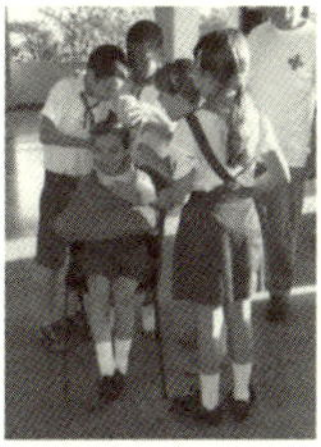

写真３：オルランド・パントハ小学校（ハバナ）の３年生、防災教育の様子
出所：Field Notes from MEDICC
http://mediccglobal.wordpress

写真４：2014年オルギンでの水路清掃の様子　メテオロ
出所：RadioRebelde a ritimo de la vida
http://www.radiorebelde.cu/noticia/holguin-sudor-rigor-meteoro-20140519/

リーダーとした革命政権は、人命救済を最優先とする防災方針を掲げたのです。2001年11月に襲来したハリケーン・ミシェル通過後、カストロは「どれほど被害が大きくとも、我々はこの問題を克服する。我々にとって勝利とは、人命の損失が最小であることを意味する」と発言しました。

またキューバでは、防災教育が小学校の授業カリキュラムに組み込まれています（写真3）。1～4年生の生徒は自分たちの生活環境について自ら調べ・学びます。4年生になるとハリケーンに対して「必要な準備」とその予防方法（水路掃除（写真4）、電線や屋根にかかっている木を切る。砂袋を屋根に置くなど）を学びます。さらに高校ではハリケーンの機能や仕組みについてさらに深く学び、大学では全学部で災害防衛システム・防災システムの二科目が必修科目となっているのです。この子ども達を中心にした防災教育を基盤に、コミュニティや親も巻き込むことで国民全体の文化として深く浸透させているのです。

次に「政府と市民の連携→B／C」では、ハリケーンが海上で発生し、直撃するまでの数日間の猶予期間において、キューバ独自の観測システム（カリブ・中米地域は一般的に米国国立ハリケーンセンターからの情報に依存している）より、3時間ごとに情報が放送されます。そして襲来が予測された96時間前に「初期警報」、72時間前に「周知段階」、48時間後には「警報段階」、24時間後には「警告段階」をテレビやラジオによって国民に徹底周知するのです。キューバでは、ほぼすべての家庭に1台のテレビがあり、地域のコミュニティーセンターにも必ずテレビがあるので、この情報を受け取ることができます。またハリケーンによって、停電や電波塔の破壊等が生じても、市区町村（ムニシピオ）と気象研究所は無線アマチュア協会などと連携して連絡を取り続けることができます。これによりいかなる時も情報伝達からの孤立を防ぎ市民に正確な情報を提供し続けることが可能となっています。この早期警戒からの正確な情報が市民の避難行動に結びついているのです（写真5）。

避難について、第一に弱者（乳幼児・子ども・障害者・病人・妊婦・高齢者）優先の原則があります。また、病院・パン屋・食料加工センター・ホテル・学校・電話センターには発電機が準備され、学校の校長やファミリードクターは各自の役割を再確認し、直撃前には学校や病院の

写真 5:ハリケーンパロマ接近前、トラックで避難する様子（カマグエイ）
出所：Daily mail online
http://www.dailymail.co.uk/news/article-1084075/Hurricane-Paloma-hils-Cuba-hundreds-evacuated.html

B

写真 6：近隣住民と軍人が協力して救助にあたる様子
出所：CUBA NEWS AGEMCY
http://www.cubanews-ain-cu/cuba/1446-un-environment-agemcy-praises-cuban-susfainable-development-efforts

避難所の備品・資材チェックを行なって万全の受け入れ体制を整えることになっています。さらに、戦車・トラック・バスなどを総動員（写真6）することや、家畜やペットなども避難対象となっています。各避難所には医者・看護師・獣医が配置され、貴重品の格納場所やエンターテイメントも用意されるのです。このように、国家・地方・コミュニティの全てが力を合わせて、ハリケーンに対応していることがわかります。

キューバ災害医療では、病院施設のインフラ完備と避難民の身体・精神的ケアの2点が重要な要素になっています。ハリケーンの際に重要なことは、公共医療サービスの保持です。２００５年の省令により病院・地域診療所は、毎年、災害によるリスク削減の研究を義務付けられ、施設の脆弱性を評価し、防災力が高められることが求められます。特に、診療所運営で障壁となるのが、電力源の喪失です。そのため２００５年から２００８年にかけてキューバ全土にある地域診療所の４９８箇所の内、２５０箇所以上の診療所に緊急用の発電機を取り付け、災害時の医療サービスの脆弱性を緩和しました。さらに災害時に発生する伝染病や衛生管理の欠如による健康被害を防ぐため、安全な飲み水の確保（写真7）、ゴミ収集、マットレスや空調機材の配布など避難民の健康管理に気を配ることで、2次被害を予防しているのです。

また被災後の子どものＰＴＳＤ（心的外傷後ストレス障害）を緩和するため、避難所でのエンターテイメント活動に合わせて、子どもたちがいち早く日常生活に戻れるように、避難所として使われている学校では、ハリケーン直撃の翌日から授業が再開されます。空想心が豊かな子どもは、心に影響を受けやすいため、いつもの生活リズムに早く戻すことで、教育面でもメンタル面でも安定を促すのです。妊産婦にも避難所での不安緩和のために、看護師や医師を配置した特別な施設が用意されています。このような気遣いがあってこそ、市民は避難行動に対して積極的になり、安心して避難生活を送れるようになるのです。

写真７：ハリケーン後、給水活動を行なう住民達の様子
出所：The International Federation o Red Cross Crescent Societies (IFRC)

C

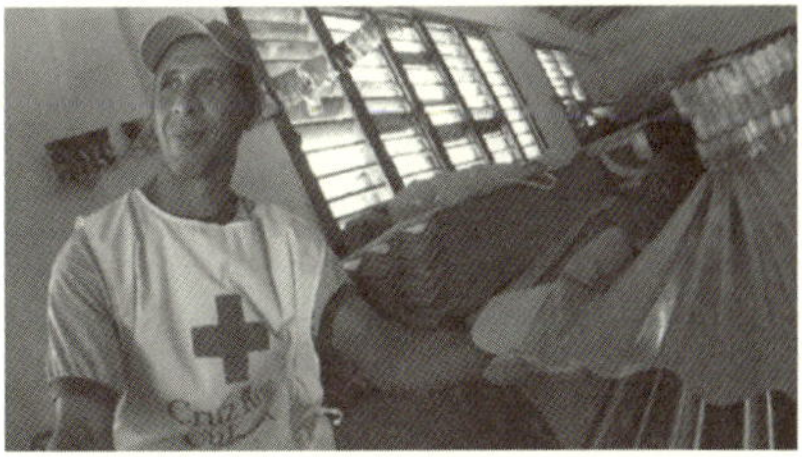

写真８：ハリケーンサンディ後、復旧活動（屋根修理）に尽力するキューバ赤十字ボランティア
出所：The International Federation o Red Cross Crescent Societies (IFRC)
http://www.ifrc.org/en/news-and-media/news-stories/americas/cuba-the-struggle-to-recover-from-hurricane-sandy-seven-months-on-63669/

災害復旧に際し、国家市民防衛本部が国家評議会議長に安全を提言し、議長が承認すれば、国家市民防衛本部は非常体制解除を発表、これにより本格的な復旧作業がスタートします。この復旧作業において、キューバの強みは国民の雇用者が「国」であるということです。したがって、政府が災害復旧を優先すれば、被害地域外の職場から人員を補充することが可能です（写真８）。つまり、国内の人的資源が最大限に活用されるのです。しかし一方で、国内の生産性やサービスが低下することも否めません。キューバ政府は、経済性よりも社会的指標を重視し、長期的にはこちらの方が効率的であると考

えているのです。

最後に「さらなる防災・減災への備え→D」では、まず避難計画が挙げられます。毎年、全国各地のコミュニティからの情報が集められ、防災計画の更新に生かされます。ハリケーンシーズンが終了する12月から各当局は、全レベルでプランの更新手続きに取り掛かり、何が機能して何が機能しなかったのかを把握します。革命防衛員会から上がった情報を5～6人の防衛委員からなる代表「ゾーン」で検討し、ムニシピオに情報を上げ検討に入るのです。これは、キューバがトップダウンの指令とボトムアップの情報収集機能が円滑に行なわれていることを表しています。これを踏まえ、翌5月のハリケーンシーズンまでに改定や準備が行なわれるのです。また、州やムニシピオ、政府レベルだけで準備を行なうのではなく、職場、団体、地区ごとに個別計画を策定することで、避難計画に厚みをもたしています。これらをもとに5月末にメテオロ（避難訓練）が行なわれます（写真9，10）。

メテオロは2日間にわたって行なわれます。たとえば、初日は、国家市民防衛本部の長官が、電力公社の理事長に、「電線が次々に断線し、送電に影響を受けている。この状況にいかに対処するか」と問いかけ、各プランに基づく演習が実施され、これに全員が参加するのです。2日目は、各コミュニティで具体的な準備が行なわれます。メテオロは全国規模で行なわれるだけでなく、ムニシピオやコミュニティごとの状況に応じた訓練が行なわれます。コミュニティでは主に

D

写真 9：2014 年のメテオロの活動の様子
三階の身体の不自由な方の救助を設定した訓練
出所：EL PINERO
http://elpinero.blogspot.jp/2014/05/meteoro-2014-un-ejereieio-que-prerave.html

写真 10：2014 年オルギンでの消防機材の確認様子　メテオロ
出所：EL PINERO
http://elpinero.blogspot.jp/2014/05/meteoro-2014-un-ejereieio-que-prerave.html

写真 11：ハリケーンサンディ後、ラウル・カストロ議長が市民に電力復旧の見込みや励まし等を伝える様子 (サンティアゴ・デ・クーバ / グアンタナモ)
出所：ESCAMBRAY
http://www.escambray.cu/2012/recorre-raul-castro-territorios-afectados-por-huracan-sandy/

写真 12：ハリケーンサンディ後、市民と握手するラウル・カストロ議長 (サンティアゴ・デ・クーバ)
出所：CRIMSON SATELLITE
https://crimsonsatellite.wordpress.com/2012/11/01/raul-castro-on-hurricane-devastation/

病院・学校・工場での対応策や手順を予行演習し、2日目には家畜避難ルートの特定、救助活動演習、避難手順のリハーサルなどが行なわれます。このようにして市民は、防災手順や各自の役割がしっかりと記憶されるのです。

■キューバ性と防災システム

キューバの防災システムの特徴は、各段階において主体的な市民参加が行なわれていることです。またすべての国民に、適切かつ継続的な情報共有と、有効な防災対策や理解促進のための全体的な活動が行き届いており、これが「キューバ性」を支える基盤となっているのです。

「キューバ性」は、米国との敵対関係が背景としてあります。国際社会から隔絶され、閉ざされた環境の中で、モノ・カネが無い国家が拠り所としたのが「市民とのつながり」だったのです。そのため政策の優先課題として、「人命救助」すなわち、防災・医療・教育等を掲げ、政府は格差のない社会を目指した政策を打ち立ててきました。市民もその理想への道を共にしました。

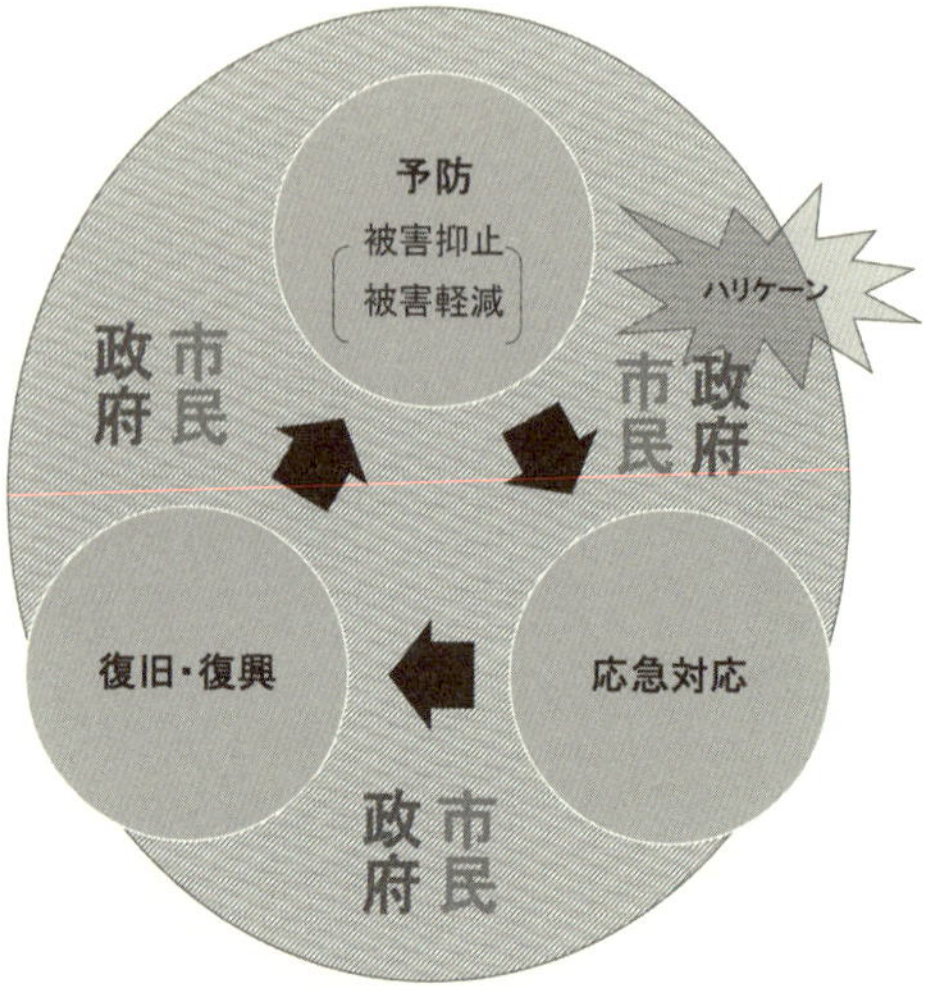

図２　キューバ型　災害マネジメントサイクル
出所：柳沢 2013　より筆者作成

1990年代には、この「社会主義」世界は、経済の逼迫とともに市場経済へと徐々に移行しつつあります。

しかし、社会福祉の観点から評価する「キューバ型社会主義」国家体系には、私たち先進国が目指す理想の姿を見つけることができます。このキューバ型社会主義は、経済面だけを見ると、貧しいかもしれません。しかし、格差が拡がる今日の世界では、人間らしい生き方が問われており、キューバ社会にある「人と人とのつながり」から国家を捉え直すことは私たちに新たな発見を与えてくれるはずです。

N.RESCUE

09

ミャンマーのエシカルツアー
～少数民族に鉛筆を届けることの意味を考えよう～

生物資源科学部 国際地域開発学科
助教 山下 哲平
学生隊員 蔀 大輝
教授 朽木 昭文
准教授 菊地 香

■はじめに

今回の舞台となったミャンマー連邦共和国（以下、ミャンマー）は、中国、タイ、バングラデシュ、ラオスと国境を接し、国土は日本の約1・8倍（68万平方キロメートル）もあります。しかし、人口は5，141万人（2014年9月時点）と日本の半分にも届きません。また、産業は農業を中心に一人当たりのGDP（1年間に稼ぐ金額）は868ドル（2012～2013年度、IMF推計）と、日本の38，644ドル（2014年度）に比べ44分の1に満たないのです。その背景には、大きく2つの要因が考えられます。ひとつが、軍事政権とこれによる国際社会からの隔絶です。

写真１：ヤンゴンのシェエダゴンパゴダ

１９４２年から１９４５年まで、日本はミャンマーを占領していました。第二次世界大戦終結とともに日本軍は撤退、その後、英国が再びミャンマーの植民地支配を行なうも、１９４８年にはビルマ連邦として正式に独立することができました。しかし、この政権もビルマ共産党やカレン族の反感があり、長くは続きませんでした。１９６２年にネ・ウィン将軍が軍事クーデターを起こしました。その結果、彼を議長とする革命評議会が全権を掌握し、本格的な軍事政権が発足したのです。この軍政下では、外国との交流を制限し、鎖国のような政策を採っていたのです。１９８９年6月に国名をミャンマー連邦に変更しましたが、政策的な変更は見られず、不法貿易と地下経済と軍政の腐敗は深まるばかりでした。当然、人々の生活は貧しいままであり、次第に、政府に対する不満が募るようになりました。

１９８８年に、反ネ・ウィン運動が起こり、全国的な規模にまで発展しました。しかし、国軍が武力によって政権を掌握したため、民主化運動は抑え込まれてしまいました。この新しい軍政は、開発経済型の経済政策を採用したものの、かえって経済は混乱してしまい、国民の失望と反感を強める結果となりました。そのため、民主化運動の旗手であるアウン・サン・スー・チー氏への期待が高まり、１９９０年の総選挙で彼女が書記長を務める国民民主連盟が圧勝しました。しかし、軍政はアウン・サン・スー・チー氏を軟禁し続け、この選挙結果を無視したのです。このようなことから、欧米諸国はこの重大な人権問題を重く捉え、ミャンマーに経済制裁を行ないました。そのため、ミャンマー経済はより悪化することとなったのです。

このような軍政による弾圧は続かず、２００７年のガソリン価格の引き上げを発端とする大規模なデモ、２０１０年にアウン・サン・スー・チー氏の解放、２０１１年には国会が招集され、テイン・セイン氏が大統領に選出され新政府を発足、軍政は終わりを告げました。これを受け、２０１２年に欧米による経済制裁は緩和され、国際社会へと復帰したのです。

このネクストマーケットとして、「今」注目されるミャンマーには、もうひとつの問題があります。それが、少数民族問題です。

ミャンマー人口の約７割を、ビルマ族が占めています。そのほかに８大民族（シャン族９％、

写真２：少数民族（パラオ族）のタヨー村までの道のり

ラカイン族４・５％、カレン族６％、モン族２・４％、カチン族１・４％、チン族２・２％、ロヒンジャ族１・７％、カヤー族０・４％）がおり、この中でもさらに異なる民族としてのアイディンティを有するため、１００以上の民族がいると考えることもできるのです（宮本２０１２）。この民族間の対立こそ、ミャンマーの社会・経済発展上にある課題なのです。

■活動①　少数民族の生計向上のためのインタビュー調査

N．RESCUEプロジェクトでは、２０１４年８月23日〜９月３日に、①「少数民族の生計向上のためのインタビュー調査」、②「小学校への文房具支援事業」、③「観光資源に対する新しい考え方のための視察調査」を実施しました。

写真２は、常設の市場がある比較的大きなカロー

写真３：農家での聞き取り調査の様子

写真４：ミカン農家に日本のミカン農園の写真を伝えてる様子

写真5：パラオ族の伝統農産物（茶）と新しいミカン畑の様子

の町から少数民族（パラオ族）が住む山岳地帯タウヨー村までの道のり（徒歩で約2時間半）の様子です。インタビュー調査（写真3、4）によれば、パラオ族はカローの市場に伝統的農産物である茶と新しく取り組み始めたミカン（写真5）を販売し、同時に生活必需品（米、油、たばこ）を購入するため、5日おきにこの道を往復しているのです（小学校と中学校は徒歩1時間の隣村にある）。この際、主たる輸送手段は徒歩になります（写真6）。その他にはトラクターと、道のぬかるみなどの条件が良ければバイクでの移動が可能です。村にあるトラクターは全6台で、これを利用する場合は、トラクターのオーナーに対し50，000ks（日本円換算：約6，250円）を1往復ごとに支払う必要があるのです。この金額は、この村の平均的な世帯年収（手取り：50，000円）に比べ、大変大きいものであることがわかります。

写真６：行商帰りの様子

　このように、少数民族であることの大きな不利のひとつが市場、学校、病院などへのアクセシビリティ（支障なく利用できる度合い）が低いことなのです。このような生活環境における彼らの目標は、ミカン農業を成功させ所得を10倍にすること、トラクター（タイ製：約22万円、中国製：約16万円）を所有することなのです。

　タウヨー村では、かつて茶の代わりに生活必需品であるコメの栽培が試みられました。しかし不作やコスト高により、失敗してしまったのです。その後、ミカン栽培によって大きく成功した村民が現れ、現在ミカンブームが訪れているのです。すなわち茶を生計基盤と位置付け、高所得への挑戦としてミカン栽培に取り組んでいるのです。

写真７：小学校への寄贈文房具

農民からは、日本の専門家を村に招聘するにはどうしたら良いかという問いかけもあり、遠隔地に住む少数民族が必ずしも伝統的な生計手段に固執しているのではなく、生活の安定と向上のバランスの中で、常に挑戦しているという力強いメッセージを受け取りました。

■活動② 小学校への文房具支援事業

写真7は、ミンジャートゥ村（無電化村）の小学校へ寄贈した文房具一式（児童１２７人に対し、１人あたりノート6冊、鉛筆6本、消しゴム１個分）です。ここでは、日本人学生による文房具の手渡しや児童との交流を行ないました（写真８、９）。写真10は、新しく鉛筆をもらった児童が、窓から投げ捨てた古い鉛筆の様子です。ここで私たちは、次のことを注意する必要があると考えさせられました。外から持ち込まれた「支援」や「協力」が、単純に日常の「不足」を補

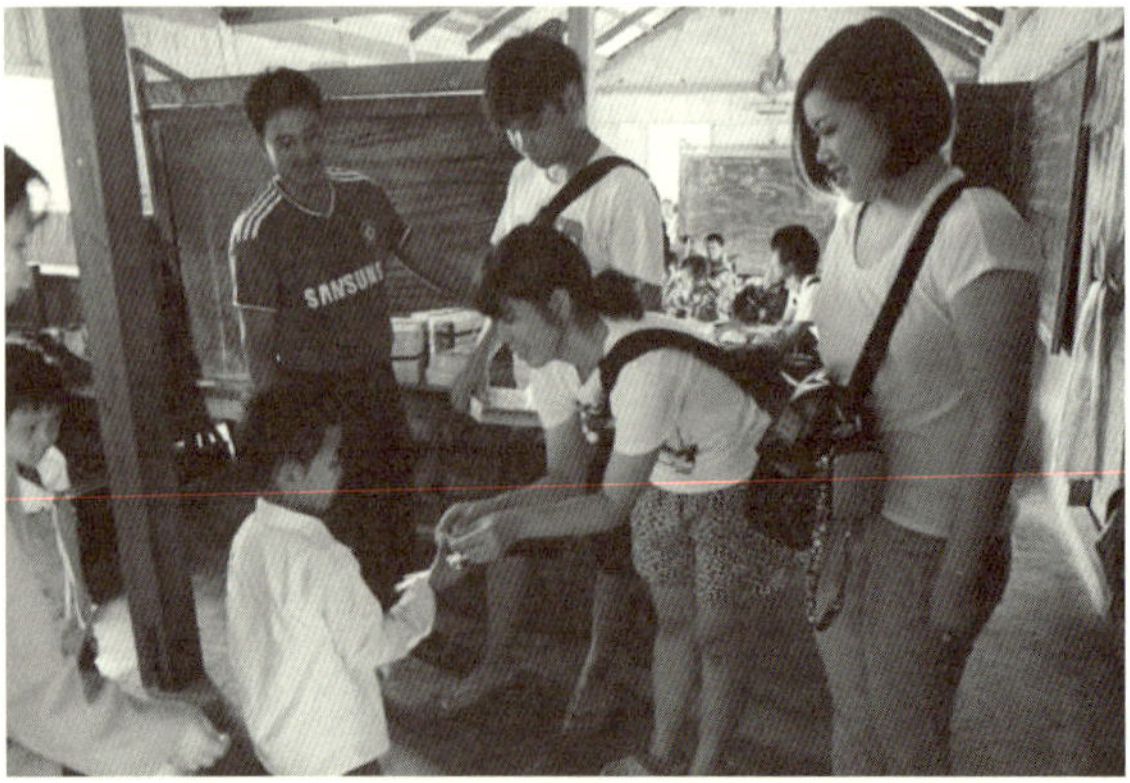

写真８：学生隊員による文房具の寄贈の様子

写真９：小学生との交流の様子（教室内）

写真10：窓から投げ捨てられた古い鉛筆

うだけではなく、今まであったものを無計画にはじき出す場合があるということなのです。私たちの善意が、まだ十分に使える鉛筆を窓から投げ捨てさせたと捉えることもできるのです。

この「小学校への文房具支援事業」から、以下のことが可能性として浮上しました。（1）私たち日本人が持つ、発展途上国の子どもたちの力になりたいという気持ちは「明確な欲求」であり、倫理的な消費行動のひとつとして今後益々ニーズが高まることでしょう。（2）倫理的な消費行動は、子どもたちの不足（ニーズ）自体が商品であり、そこに直結するプロセスの確立がカギとなります。（3）したがって、貧しいだけで「何もない」村であっても、このような交流自体を観光資源として捉え、活用することができるのではないでしょうか。

■活動③　観光資源に対する新しい考え方のための視察調査

ミンジャートゥ村での経験（新しい観光資源の考え方）を踏まえ、マンダレーの世界遺産バガン遺跡内のパゴダ（写真11の仏舎利塔のこと）周辺にて「観光資源に対する新しい考え方のための視察調査」を行ないました。パゴダ付近では、お供え用の花（ひとつ約￥80）を売る少女（写真12）や民芸品の製造工場で1日約180円の賃金で働く少女（写真13）、またマンダレーの市場にて天ぷらを揚げて売る少女（写真14）に話を聞きました。彼女たちは、自らの仕事に誇りを持ちつつも、同時に学校にも行きたい（学校に行くことで、教師や医者という憧れの仕事に就いてみたい）という夢を聞くことができました。

このことは、少数民族パラオ族のタヨー村で聞いた「ミャンマーの今」を素描していると考えることができます。それは、安定的で持続可能な生活を確保してはじめて持てる将来に対する夢と希望、という構造です。私たち国際救助隊のターゲットが、日常生活における「安定的で持続可能な生活の確保」支援であるとすれば、今のミャンマーにおいて、この活動は彼らの夢と希望を引き出すプロセスであることがわかったのです。

■大学教育にN. RESCUEプロジェクトが与えるもの

今回の活動を通じて、「生活の安定」に対する考え方が私たちの重要なテーマとなりました。

写真 11：ミャンマー世界遺産バガン遺跡

写真 12：バガン遺跡で働く花売りの少女

写真 13：民芸品の製造工場で働く少女

私たちの社会において、学生の理解は、「生活の安定」とは社会・経済構造に適合すること、すなわち「固定化」と捉えていたようです。この点を追求してみると、安定した生活への正しい道筋というものが、学生にはすでに見えているようです。真面目に単位を取る、真面目にバイトをして、サークルにも参加する、そして真面目に就職活動を行ない、一流の会社に新卒採用されることだそうです。一転して、ミャンマーは不安定な社会ですから、「正解」は決まっていません。真面目であることだけで評価してくれる人もいません。彼らにとって今の安定とは、強い「意志」と「チャンス」を活かす挑戦のための踏み台にすぎないのです。この未来に挑戦する姿勢は、日本の大学教育に重要なメッセージを与えてくれます。それは、自分の人生を自分で切り拓く意志と責任をもつということです。

日本の大学が、社会人になる間のモラトリアム（猶

写真14：マンダレー市場で働く少女

予期間）と揶揄されるようになって久しいのですが、研究課題や専門性の選択はおろか、大学進学自体についても意志と責任をもつことを放棄する学生は増えているようです。むしろ、これらを強くもつことで角が立ち、安定した生活への正しい道筋を進む上で障害になるとすら考えているのではないでしょうか？つまり、（自分の考える）社会的な期待を「真面目に」引き受けること以外は、メリットの小さい行動と評価するのです。

しかし、N.RESCUEプロジェクトに参加することで、明確な誰かと向き合い、明確に必要とされ、明確な評価を受ける経験をすることができました。この経験を通じて、自分に何ができるか（実際にはほぼ何もできない）ということと向き合い、専門的な技術を持つ人や総合的に問題をマネージできる人を「頼る」という方向を模索しました。その結果、信頼と尊重を基盤とするコミュニティの形成、すなわちチームで仕事をするということの必要性と意義を学んでくれたようです。

この関係性は、自らの社会的評価を常にフィードバックしてくれますから、自分が何をするべきか、もっと言えば、まだ誰もなし得ていない問題に当たるわけですから、何に挑戦することができるのかを教えてくれます。これが成功すれば自信に、失敗しそうになればチーム内の信頼と尊重が深まっていくのです。

私の研究室では、数名が隊員として活動し、この扉を開いたところに過ぎません。それでも、他の誰でもない「自分」の意志と責任を持って活動し、相互に補完しあうことの価値を感じてくれたようです。

N.RESCUE 10

本質を見据えた動物園の未来
〜動物園における知の構築と連携〜

生物資源科学部 動物資源科学科
教授 村田 浩一

■動物園の芯もしくは本質

『森の生活（ウォールデン）』でよく知られている北米の思想家ヘンリー・デビッド・ソローは、数々の心に沁みる名言を残している。環境教育に関するデビッド・ソベルの名著、"BEYOND ECOPHOBIA–Reclaiming the Heart in Nature Education–"（邦題『足もとの自然から始めよう』）でも、以下のソローの言葉が引用されている（ソベル、２００９）。

"I am struck by the fact that the more slowly trees grow at first, the sounder they are at the core and I think the same is true of human beings. We do not wish to see children precocious, making great strides in their early years like sprouts, producing soft and perishable timber, but better if they expand slowly at first, as if contending with difficulties, and so are solidified and perfected. Such trees continue to expand with nearly equal rapidity to extreme old age.”

この言葉を意訳すれば、次のようになる。

最初に、ゆっくり育てれば、木の芯（core）はしっかりする。人間も同様である。促成栽培した木が軟らかくて腐りやすい木材になるように、子どもが早熟してゆく姿を見たくはない。困難を避けながら、ゆっくりと大きくなってゆくほど、強固で立派に育つのだと思う。そのような木々は、年を経ても若木の頃と同様に生長し続けるものだ。

これを日本の動物園に当てはめてみると、ソローのいうところの「芯」もしくは本質が、現在の動物園には形成されていないように思われて仕方ない。それは、歴史的にゆっくりと着実に動物園が発展して来なかったためかもしれない。

■国内動物園の設立過程

明治維新前後、欧米列強の植民地化に対抗するため、急速な文明開化と富国強兵を急いだ日本は、遣欧米使節として、または密航者として海外へ渡航した。彼の地で見聞を深めてきた若者たちが、博物館や美術館等の様々な文化施設（都市装置）の建設にも貢献してきた。動物園もしかり。1867年にパリで万国博が開催され、その展示陳列作業のために派遣されたのが、江戸幕府の下級技官であった田中芳男である。彼は、約10か月間の出張期間を利用して、パリの博物館や植物園を精力的に調査し、とくに博物館の附属動物園（メナジェリー）から多くを学んだ。そして、日本が文化国家として欧米列強と肩を並べるには、自然に関する学問的殿堂を国内にも設ける必要があると感じて、帰国後に国内初の動物園開設へと邁進した。つまり、動物園は、国づくりのための社会教育もしくは青少年教育を目的として構想された。その結実が1882年3月2日に開園した博物館附属施設の上野動物園であった。

しかし、当時の関係者たちの海外文化導入の努力にもかかわらず、ヨーロッパの文化施設が成立基盤としている歴史的な「文化」までは導入できなかったようだ。あまりにも短い時間の中で国家を立ち上げる（促成栽培する）必要性による結果であろう。すなわち、求めたものが表面上同等ではあっても決して同質ではなかったのだ。

■動物園の文化的基盤

欧米先進国で出版された動物園関連の専門書や論文を翻訳する際、いつも感じるのは、彼我の博物学的基盤の厚みの差だ。もちろん欧米先進国の動物園でさえ、多くの学術面での問題や悩みを抱えているに違いない。しかし、その悩みのレベルが違うように感じる。

先述したように、明治維新後の一部関係者の間では、文化の導入と醸成も当然意図されていたと思われる。その辺りの事情は、NHK大河ドラマ「八重の桜」でも描かれていた。しかし、発展途上にあった国家施策の中では、分野によってその試みを埋没させざるを得なかったようだ。その結果、学び（スタディー）が単なる表面上の真似び（イミテーション）に終始したと考えられる。そして、日本の風土に合致した博物学的基盤を構築できなかった影響が、現在もなお多くの社会教育施設に及んでいる。たとえば、国立科学博物館の所蔵標本数（種毎の点数も海外と比べ極端に少ない）がその好例だろう。動物園に話を戻せば、「芯」のない所に、海外で評判の高い展示施設の外観やデザインだけを導入し続けていることではないだろうか。

朝日新聞日曜版グローブ紙（2013年7月28日付）にてデザイナーの和田 智氏が述べていたことだが、外車企業の同僚から好評を得た彼の作品に対して、ドイツ人の社長がひと言「新しくてかっこいいが、君のデザインは軽いんだ」と批評したそうだ。衝撃を受けた和田氏は、その後、毎日のように自動車博物館へ通い、初期から現在までの車を観察して、そこに存在する時間の重みを感じた。そして、「過去から積み上げたデザインに新しい解釈を吹き込むようにしない限り。歴史のある街では浮いてしまう」という結論に至った。

動物園にも時間（歴史）の重みが必要であると思っている。動物園における歴史の重みとは、人材および技術の育成や継承によって成り立つものだ。しかし、経済効率が強く求められる現状では、安易に管理運営が外部委託されてしまい、高い専門性が求められる飼育技術の教育や継承は中途半端に終わり、保全や研究は個々の職員が片手間で行なわざるを得ないため、十分な成果が得られずにいる。基盤となる「芯」が形成される機会がないため、大きくは成長できずにいるのだ。

広い意味で、動物園は博物学や動物学などを含む教養を社会に提供し文化を醸成させる役割を担っている。反対から言えば、動物園を支える土壌としての文化的基盤がなければ、将来的にも動物園の成長は望めないし、その存在さえも保証されない（括弧付きの動物園は存在し得るかもしれないが）。

動物園の成立基盤や将来的な成長の可能性に対して思い悩み、解決への道を模索し努力しない限り、経済性が優先される軽佻浮薄な時代の風潮に合わせて、本来は社会教育や種保全や調査研究の場であるべき動物園でも、スクラップ&ビルドが繰り返されてしまう（もしくはスクラップ化されてしまう）。「芯」がない木がすぐに根腐れを起こして倒れてしまうように……。

たしかに「消えていいのか?」「なくなってよいのか?」と、かなり切羽詰まった言葉で表現されるに相応しい動物園の現状ではある。しかし、動物園だけが理想から乖離して苦境にあるわけではない。どのような社会的施設であれ多くの問題や矛盾を抱えているはずだ。大切なのは、それらの問題に押しつ潰されてしまうのではなく、将来に向けた明確なビジョンを動物園の中に形成して戦略を立て、あらゆる逆境に抵抗してゆく意志と情熱を維持し続けることだと考える。

動物園に水分や栄養分を与え、しっかりとした「芯」を形成させるための組織的努力と個人努力（それが効力を及ぼす範囲は想像以上に広いはずだ）を怠ることなく続けていれば、近い将来きっと変革（Revolution）の時は訪れると信じている。いや、その弛まぬ努力こそが動物園の進化（Evolution）を保証するに違いあるまい。

■動物園の多様性と役割

動物園は多様であって良いと思う。いや多様であるべきだと思っている。画一的で統一された動物園なんて想像もできないし、もしそのような動物園が実際にあったとしたらおもしろくも楽しくもないはずだ。似たような展示ばかりの金太郎飴的動物園が全国に蔓延すれば、動物園巡りの楽しさは失われるだろう。表層的な真似（コピー）は、伝えたいメッセージが希薄もしくは皆無であるが故に、早晩飽きられてしまうものだ。ようするに、それぞれの動物園がそれぞれの理念やビジョンの下で運営されているからこそ、動物園が魅力的であり続けられる。

一方、多様である動物園が共通に守らなければならないものもある。それが失われてしまえば動物園ではなくなる、細胞にたとえれば核のようなものだ。核を失った細胞に未来はない。本質を忘れてなり振り構わず収益に奔走する動物園があるとすれば、核のない細胞と同様の末路をたどるだろう。それは、表皮細胞がいずれ垢として剥がれ落ちる経過に類似している。

動物園が動物園であるために大切に守るべき核、それが動物園の芯であり本質である。「本質」を国語辞書で調べてみると、けっこう難しく語釈されている。和英辞典にはニュアンスの異なるさまざまな訳語が載っているし、大百科事典ではギリシャ哲学にまで遡及した解説がなされている。本質という言葉の意味を探るだけで楽しい知的探究になりそうだが、ここでは国語辞典に記載されているシンプルな解説を参考にして話を進めたいと思う。つまり、根本的な性質や要素、そして動物園という存在の基底をなすものと定義したい。

動物園には、教育、保護、調査研究そしてレクリエーションの4つの役割があるといわれてきた。とくに最近は、希少種保全に対する役割や貢献が重要視されている。国内では、2014年5月22日に日本動物園水族館協会と環境省が「生物多様性保全の推進に関する基本協定書」を締結し、ツシマヤマネコやライチョウなど国内希少種の域外保全を推進してゆくことになった。このように動物園で種保全が占める割合は大きくなっている。ならば、種保全が動物園の本質となるのだろうか?

それは違うと思う。

種保全は、動物園におけるひとつの役割であって本質ではない。なぜなら、種保全を行なっていない動物園は動物園でないとは、決して断言できないからだ。残念ながら、すべての動物園がすべての希少種に対して域外保全を完璧に達成でき得ているかというと、Ｎｏｎ！と言わざるを得ないのが現状だ。さらに、種保全のための専門的施設や研究者を保有している動物園は、国内外を含めてそれほど多くはない。動物園の規模や予算や人材によって、種保全の役割を十二分に発揮できる場合の方が少ないため、もし種保全が本質であるなら、多くの動物園の存在が危ぶまれてしまうだろう。

話は少し変わるが、そろそろ動物園の４つの役割を念仏のように唱えるだけではなく、どの役割に実行上の問題があって、どの役割に困難性があるのか、そしてその困難な役割をどのようにすれば克服できるのかを、各動物園が明確に整理して開示すべきではないかと考えている。アルバート・アインシュタインが言ったように、「自分の限界に気がついてはじめて、限界を乗り越えられる（Once we accept our limits, we go beyond them）」のだから。

欠けている役割を単独で担うことが難しければ、動物園間のネットワークで補完し合えばよい。そのために動物園の国際的組織（日本動物園水族館協会もその一部）があるのだと思う。すでに、動物園の重要な役割を個々の動物園ではなく動物園界全体で担う時代になっている。そもそも種保全は関係機関や関係者間のネットワークの下でしか達成できない。とくに希少種の再導入を目的としたネットワークは、飼育下と野外との連携で構築される。つまり、各動物園の飼育下個体群と野生での地域個体群を結び合わせ、各個体群間で動物移動を行なう生息域内外でのメタ個体群管理の発想だ。

ただ、このネットワークによる種保全も動物園のさまざまな思惑によって変質してしまいがちだ。本来、種保全は希少種の保全のために行なう事業であって、決して動物園のために実施されるべきものではない。この点は、飼育下動物のために試みられる環境エンリッチメントが、集客目的の動物展示として変質してしまう状況とよく似ている。たしかに種保全が動物園運営の目玉になる場合もあり、それなりに重要なことだとは思うが、本来の目的を見失ってしまうと、ネットワークの下で進行する種保全事業そのものが成立しなくなってしまう可能性がある。

■動物園の種保全

動物園における域外保全（*ex situ* Conservation）では、限られた頭数の飼育下個体を対象として遺伝的多様性を長期的に維持するための個体群管理が求められている。すなわち、遺伝学的小個体群管理（genetic management of small animal populations）の手法によるもので、その管理方法では近親交配が避けられるのが通常だ。しかし、すべての動物園動物に対してこの管理方法を適用した場合、おそらく10年程度で繁殖計画は行き詰まってしまう。なぜなら、近親交配を避けながら繁殖を試みるペア数は、ほとんどの飼育下の種で確保されておらず、その多数のペアを飼育できるほどのスペースも、ほとんどの動物園にはないからである。

少し古い資料だが、希少哺乳類274種のうち26種しか自立個体群として国内外の動物園で維持できないという時期があった（Ralls & Ballou, 1983）。保全すべき希少種の数が増えた分、全飼育個体数の約10％というその割合は、現在も大きく変わっていない。いや、もっと低くなっているのではないかと推察する。動物園間での動物交換による種保全については、前述したとおりだが、それは理想的なシステムであって実際には完璧に機能していないのが残念な現状である。しかしながら、日本でもようやく地域的動物収集計画（Regional Collection Planning）が始まり、保全すべき優占種の選定とそのための計画的繁殖を進めることができるようになってきた。今後に期待したいところである。

近親交配に関しては、人間的な感情や感覚からタブー視される傾向が少なからず認められる。つまり、人間における近親相姦の禁忌（インセストタブー）を動物に安易に当てはめる傾向だ。しかし、人間の倫理観を動物に求めるのは、当たり前のことだが間違っている。十分な個体数が存在しない場合、親子や兄妹関係の個体しか飼育されていない場合などで、インセストタブーを意識し過ぎると、種そのものが動物園から失われてしまう恐れがある。

動物園における近親交配の影響が本格的に議論されるようになったのは、１９７０年代から

1980年代にかけてである。その当時、Katherine Ralls や Jonathan Ballou が出版した論文が動物園界に与えたインパクトは大きかった。とくに彼らが有蹄類の近親交配仔に認めた死亡率の高さは衝撃的であった。そして O'Brien の主にネコ科動物を対象とした分子生物学的研究の成果の数々が科学的にそれを検証した。

純粋種の保持と近交劣化の排除との兼ね合いは、動物園の難しい課題である。近親交配による影響、たとえば近交劣化（弱勢）の程度は種毎で異なるし、個体によっても影響が現れる確率に違いが認められている。どこまでの血縁関係による繁殖がダメで、どこまでなら許されるのかといった科学的な基本情報は、ほんの一部の種で研究されているだけだ。野外で起っている例を参考にしようにも、野生個体群内における近親交配の長期にわたる研究は限られている。飼育下で近親交配を回避する際、もしくは地域動物収集計画で血統管理する際には、人間の感情や倫理観ではなく科学（サイエンス）に基づいて実施する必要がある。

動物園では、近親交配と同様に亜種間雑種や地域個体群間での交配も問題になる。純粋種の維持という観点からは、できれば回避したいところだが、こちらも徹底的に追及すれば動物園での飼育展示が困難になる場合が起こり得る。チンパンジーの亜種が国内の動物園で問題視され始めた1990年代に、ゴリラ研究者の山極寿一博士（現 京都大学総長）との会話の中で、彼がふと漏らした言葉が忘れられない。それは、「動物園種」というものがあってもよいのではないか、という意見であった。野生復帰の可能性がどう考えても低い動物種に関しては、厳密に亜種間雑種を避ける意義は低く、かえって飼育下での種の維持を難しくするのではないかという危惧を伴っていた。そして、現実に亜種や地域個体群や血縁関係を重視するあまり、繁殖が滞ってしまい動物種自体が動物園からいなくなってしまう危機が、たとえばコアラで生じた。この危機については、クイーンズランド種とニューサウスウエルズ種を同種とすることで、乗り越えた経緯がある。

動物園で動物を飼育展示することと種保全とは、異なるクライテリアにあるのではないかと常々考えている。動物園で動物の飼育展示を行なう場合、どちらを優先するかは種によって、個体数や飼育スペースなどの制限要因によって、そして最終的には飼育展示目的や将来計画によって異なるはずだ。いずれにしても、そのときに必要となる判断基準は、時や場合や人によって左右される場当たり的なものではなく、論理的で科学的なものであるべきだろう。とにかく、動物園という媒体を用いて、何を伝えたいのか、何を行ないたいのか、そして何を継承してゆきたいのかを、明確にすることが重要だと思う。

■動物園の飼育技術と福祉

動物園は、博物館法で博物館相当施設に該当する。ただし、静物や死物を展示するのがメインの博物館と異なり、動物園では「生きもの」を飼育展示するのが主体である。その飼育展示の目的は、近代動物園が設立した当初から動物学や博物学への貢献であり、現在求められている希少種の域外保全のための意義とは異なっている。しかし、いずれにしても生きものを展示飼育する場合も種を保全する場合には、高度な飼育技術が必要であることは確かである。さらに技術のみならず、生きものを飼う者（動物園の飼育係や獣医師）には様々な義務が生じる。国際的な動物福祉上の基本理念として"Five Freedom"もしくは"5R"と呼ばれているものがある。すなわち、1. Freedom from Hunger and Thirst, 2. Freedom from Discomfort, 3. Freedom from Pain, Injury or Disease, 4. Freedom to Express Normal Behavior, 5. Freedom from Fear and Distressの５つの自由で、英国では家畜を飼育する際の基本理念として提唱されている。日本語に訳すと、飢えと渇きからの自由、不快からの自由、苦痛と怪我や病気からの自由、健常な行動を発現する自由、恐怖と抑圧からの自由となる。

動物の権利ともいえるこの基本理念は、18世紀のフランスですでに存在していたという研究者もいる。すなわち、人間の「自由・平等・博愛」をスローガンにしたフランス革命のときに、それらを動物にも適応すべきだとした考えであり、フランス革命後に開設された国立自然史博物館附属動物園（パリ動物園）で踏襲されていたという興味深い話である。

動物を飼育し利用する際には、５つの自由を保証することが、現在、国際的に義務付けられるようになっており、動物園でも単に動物たちを飼うのではなく、かれらの生活の質（Quality of Life：QOL）を維持もしくは高める飼育技術が「環境エンリッチメント」として定着しつつある。

生きものを飼育する技術だけではなく、かれらの命（いのち）を別のかたちで将来へつなげてゆく努力、つまり科学を基盤にした命の継承も、長年の間、動物園が守り続けてきた砦もしくは橋頭堡と言えるものだ。

いのちの継承という言葉は、飼育下で動物を繁殖させ子孫個体を残すという意味で使われることが多い。しかし、そのような狭い意味だけではなく、個体の生きてきた歴史を後世に残し伝えてゆくという広義の意味があるとも考えている。すなわち、剝製や骨格標本そして細胞などの保存、またはその動物から得られた科学的な知識や知見を将来へつなぐことだ。端的に言えば動物学や生物学などへの学問的貢献だが、もっと深い意味で古代ギリシャ時代から築きあげられてきた「知」の継承ともいえる。そしてその原動力は、梅棹忠夫氏が言うところの「デジデリアム・インコグニチ（*desiderium incogniti*：未知への探求）」であることは確かだ。

■いのちを未来へつなぐサイエンス

近代動物園の始祖ともいわれているロンドン動物園。そのロンドン動物園の設立に寄与した中心的人物が、スタンフォード・ラッフルズ（Sir Thomas Stamford Raffles）である。シンガポールを興した人物としてもよく知られている。彼は、幼少時代を東南アジアで過ごし、多様な野生動物と自然に魅了された。長じて、それらの動物を母国に連れて帰り、学術研究に役立てると共に国民にもその魅力的な姿を見せてあげたいと考えるようになった。

動物園は単に見世物的施設であるとか、動物を見世物にしてどこが悪い、と開き直る関係者がたまにいる。たしかに動物園は、野生動物を来園者に見せて感動してもらう場である。そういう意味で、動物園に対する見世物的発想は、ラッフルズが抱いていた思いと相通ずるかもしれない。しかし、言葉から受ける印象の良し悪しは別として、動物園での感動を支えるのは科学（サイエンス）であることに間違いはない。つまり、動物園は野生動物を見せる（魅せる）と共に、魅了された心を科学的探究に転化できる場でもあるのだ。それこそが、ロンドン動物園の開園前に亡くなったラッフルズの、最期まで追い求めた動物園の本質ではなかっただろうかと思っている。

近代動物園の歴史を動物園関係者（「動物園人」と内部で呼称している）は今も引き継いでいるし、これからも後世に引き継いでゆかなければならない。引き継ぐとは、単に野生動物を飼育し展示し続けるという意味ではない。野生動物の飼育展示を通して動物進化や生態や行動や生息環境の理解に役立て、さらに学術研究による知を蓄積し継承することなのだ。すなわち、高度な文化的役割としての科学に対する貢献でありサイエンスを基盤とした「いのちの継承」である。

■動物園で魅せる

「私たちが詩を読み書くのはカッコいいからではない。私たちが詩を読み書くのは人類の一員だからだ。人類は情熱で満ちている。医学・法律・ビジネス・エンジニアリングは私たちの生活に必要なものだ。しかし、詩・美しさ・ロマンス・愛情こそが私たちが生きていく目的そのものだ……」。

映画『いまを生きる』の中のキーティング先生の言葉である。2014年8月に亡くなったロビン・ウィリアムズが演じていた。

この映画を飛行機の中で観ながら、動物園の本質はこれに近いものではないかと感じたことを覚えている。動物園の本質は、とてもシンプルで人間のエモーショナルな部分に働きかけるものではないかと考え続けていたからだ。そうでなければ、200年以上もの間、動物園が世界中で存在し続けることはなかっただろう。そして映画を見終えてから、キーティング先生の言葉を次のように頭の中で言い換えていた。

「希少種保全や環境教育は動物園にとって必要なものだ。しかし、動物たちに対する知的好奇心・興味・驚き・感動・畏敬・共感・愛情こそが、動物園が存続していく目的そのものだ……」。

ここまで書いてきて、私自身が再認識した動物園の本質とは、動物を見せて感動してもらう場であるということであった。

様々な珍しい野生動物を飼育して多くの人たちに見せたい、感動してもらいたいという望みは、スタンフォード・ラッフルズも抱いていたと思う。自らが若い頃に東南アジア産の美しく珍しい動物たちを目にして驚き感動し知的好奇心を沸き立たせたからだ。もちろん、飼育展示した野生動物を系統分類学や比較解剖学に活かすことも彼の大きな目的であった。ロンドン動物学協会の前身である動物クラブの規約にも、動物学発展のために動物園に博物館と図書館を併設すると書かれている。しかし一方で、もっと単純な興味や好奇心を珍しい動物に対して持っていて、それを見ることによる感動を他の人と共有したいという思いがあったのではないかと勝手に想像している。

見るために野生動物を飼う歴史は古く、すでに紀元前2000年のエジプトや中国で行なわれていた。中国古代王朝である周の文王は、領地の中に動物園（動物観覧施設）を持っており、その面積たるや35平方キロメートルもあったと古文書に記されている。『白髪三千丈』的な誇大表現だと思われるが。2000年以上も前に観覧を目的として鹿や白鳥が放し飼いされ、多様な魚類が飼育されていたことに驚きを禁じ得ない。ただし、「見る」ことと「見せる」ことは大きく異なる。単に個人趣味で眺めて楽しむことと、不特定多数の人々とその機会を共有することの違いだ。不特定多数への公開は、近代動物園の基本になっているし、国内外の辞書にも動物園の定義として明記されている。

「見る」から「見せる」への転換は、いかに良く見せるかの技術向上ともリンクしてきた。不健康であったり瀕死状態であったりする動物など誰も見たくはないであろう。来園者が動物を見て感動するためには、まず動物たちが満足している状況を作らなければならない。そこで、動物たちを健康な状態に維持できる高度な飼育管理技術が開発されてきた。さらに来園者にとっても動物たちにとっても快適に感じられる飼育展示施設が発展してきた。近年さかんに議論されている環境エンリッチメントにしても生態展示にしても、その元になる考え方はかなり以前から必要性が訴えられていた。前者については、"Wildtiere in Gefangenschaft - Ein Grundriß der Tiergartenbiologie" (Hediger, 1942)、後者については、"Histoire des ménageries de l'antiquité à nos jours" (Loisel, 1912) などの書に認められる。ロンドン動物園の開園から186年間、オーストリアのシェーンブルン動物園を世界初の動物園とするなら、その開設からおよそ250年間もの長きにわたり大切にされてきたのは、より良き飼育と展示の技術である。現在の動物園もその歴史的延長線上にあり、将来的に引き継いでゆく責務があることを関係者は認識すべきであろう。

■魅せるための動物園科学

動物園の本質は、動物を見せて感動してもらうことだと書いてきた。しかし、繰り返しになるが、それは単なる見世物であることを意味しない。動物を用いた単なるアミューズメントでもない。いかによく動物を見せるか、言い換えればいかによく魅せるかを意味している。つまり、動物園は来園者を魅了できる動物飼育展示施設であるべきなのだ。さらに、魅せることの重要性は、魅了された人々がスムーズに学びの世界へと入ってゆけることにある。明治8年12月12日、内務卿大久保利通が博物館附属施設として動物園と植物園を開設するため、明治天皇に上程した博物館の儀には、「此ニ遊フ者ヲシテ啻《ただ》ニ一時ノ快楽ヲ取リ其精神ヲ養フノミナラス旁ラ眼目ノ教ヲ受ケテ不識不知開智ノ域ニ進ン□ヲ要ス」と書かれている。現代語に訳すと、「来園者が動物園で遊び一時的な楽しみと慰安を得るだけではなく、園内を見て学ぶことで知らないうちに知識が開かれる」であり、まさしく魅了から学びへの流れを表している。私は、この古くて新しいコンセプトを、「動物園は楽しみながら学べる場」と意訳し喧伝している。

学ぶのは動物のことのみならず、その生息環境のことであり、生物多様性保全の大切さであり、その内容や重要度は文化的発展の中で絶えず変化してゆく。来園者が魅了され学ぶことのできる動物飼育展示にするには、飼育管理や飼育施設のみならず解説サインやガイドなど多様で広範な領域に及ぶ。そのバックボーンとなるのが科学（サイエンス）だ。動物を見せて感動してもらうという動物園の本質は、近代動物園の発展過程でいつもサイエンスが支えとなってきた。そういう意味では、見せて感動させるサイエンスも動物園の本質といえる。

動物園におけるサイエンスは、飼育下動物の肉体的および心理的健康を客観的に評価するために必要である。飼育管理技術の改善に役立つ。希少種保全や環境教育の基盤にもなる。そのサイエンスを動物園のバックボーンとして定着させるには、動物園科学（Zoo Science）や体系化された動物園のための学問、すなわち動物園学の構築が求められる。

■さいごに ―N. RESCUEと動物園―

日本大学N．RESCUE国際救助隊の目的のひとつは、大学の「知」を基盤とした活動を通した地域の活性化や教育のロールモデル確立である。これまで述べてきたように、動物園も科学的な知を基盤にして、レクリエーションや環境教育は種保全や調査研究の役割を担い、さらに地域に貢献することを目指すべきだと考えている。まさにN．RESCUEの発想と共通している。そのような共通性から、動物園とN．RESCUEとの間で連係した活動が可能となる。実際、環境保全のための教育支援の一環として、毎年1回開催されている〝小学生のための理科の王国」2014 TOKYO GATE〟に国際救助隊の一員として参加し、移動動物園「ホネホネfrom ズーラシア」を企画し実施した。この社会教育活動は、環境破壊について教育する前に、自然と結びつくことの大切さや、自然を愛することの重要性を学ぶ機会をつくり、歪んだ環境教育による自然恐怖症（エコフォビア）をなくすことを目的として企画された。参加した小学生たちに、科学の場としての動物園を広く理解してもらう良い機会になったのではないかと自負している。その他にも、国連防災世界会議パブリック・フォーラム関連事業にも参画し、動物園の防災について普及活動を実施する予定である。

今後も、動物園の本質を見据えながら、大学や研究機関との連携による知の蓄積と構築に努め、来園者とくに次代を担う子どもたちに野生動物に関する多様な情報を提供することで、科学の場としての動物園の役割を未来につなげてゆきたいと思っている。

［あとがき］

国際救助隊の役割から未来へ

国際救助隊の誕生から活動を通じて考えたことや、研究者の視点を書きました。最後まで読んでいただき嬉しく思い感謝します。本書は、日本大学で２０１３年、２０１４年の2年間で実施された「学長特別研究」の考え方と活動成果を紹介しました。国際救助隊誕生の思いと目的、個々の研究者の研究をどのように社会還元したのか、大学としての国際救助隊の役割は何かを具体的な活動を通じて知ってもらおうと試みました。

国際救助隊の多くのプログラムから見えたことは、大学には多くの「知」があり、その「知」のほとんどが外部の人には知られていないことした。「知」は、蓄積された知識であり、知恵であり、変化し続けるものです。だから研究し続け、わからないことを分かろうとするのです。どんな天才でも知っていることの数が、知らないことの数を超えることはあり得ません。それほど世界は知らないことだらけなのです。
その知らないことに日々挑む研究者たちの「知」に触れることは、もしかすると、今後訪れるかもしれない想定外の自然災害に有効な知識や知恵になるかもしれません。優れた研究には優れた人々が関わり、すべては人が鍵であることがわかります。

大学の使命は教育と研究です。日本大学が目指しているのは日本一教育力のある大学です。教育にも研究にも日々の努力と忍耐が必要です。科学は繰り返す努力の蓄積と多くの失敗のプロセスがあって、偉大なる発明と発見に繋がっていきます。

本書で紹介した国際救助隊で地域や社会に支援することを積極的に取り組んでくださった好奇心旺盛な研究者たちは、人間の未来や地球環境の未来のために現状の問題を解決すべく、その問題に立ち向かう勇気と夢の力を魅せてくれました。

国際救助隊という舞台を作ったことで、災害復興や医療・福祉のためにモビリティの高い社会を実現させることを支援するプログラムが、研究者や学生たちの手で一人歩きすることが理想でした。もう1つの理想は、研究コーディネートのモビリティ化です。柔軟で流動的に研究者や研究をコーディネートする。それが私の役割でした。

まさに日本大学の「自主創造」という理念の具現化です。世界の舞台で社会に貢献できる人になるためには、頭で想像したことを具現化できる創造力を鍛えることが大切です。国際救助隊は皆さんの創造力を待っています。

日本大学N.国際救助隊は、「芸術学部」、「理工学部」、「生産工学部」、「工学部」、「医学部」、「歯学部」、「生物資源科学部」、「商学部」の8学部の共同研究者でスタートしたプロジェクトです。学部を連携することより大切にしたのは、共同研究者や学生たちがSMC−1を共有することでつながった社会還元の意識でした。この意識と研究に対する研究者や学生の情熱を、ぜひ本にして残しておこうと考えました。

あのサンダーバードの理想と勇気が教えてくれた使命感は、大学にできる救助隊のあり方を考えることにもつながり、このプロジェクトの幕をこのままで閉じさせてはならないと感じました。

欲を言えば、大学本部機能の一部にこの国際救助隊が存在することができれば、それだけで教育と研究のシンボル的存在として役割を果たすことになるでしょう。

大月穣先生が代表のN.研究プロジェクト『未来への6つの約束―日本大学N.研究物語―』を出版する企画を提案したとき、この本を第2弾として考えていたのは確かです。考えてみると、すべてつながりで世界を考えていたことがこの国際救助隊につながりました。

共同研究者のエキサイティングな研究に巡り合わなければ、SMC−1も単なるトラックで終わったことでしょう。デザインを専門にしている私にとって、プロジェクトの企画から本書の企画・装丁を手がけることまでアイデンティティを貫き通すことができたのは、他でもない共同研究者の共感と理解があってのことでしたし、何と言ってもSMC－1の運用を支援してくださった五光物流株式会社の小林社長、柳澤常務、ドライバーの小池さんに深く感謝です。

本書の出版に向けて寄稿してくださった共同研究者の、歯学部 岩田幸一教授、理工学部 青木義男教授、波多野正俊准教授、生産工学部 内田康之准教授、生物資源科学部 小林信一教授、村田浩一教授、朽木昭文教授、竹永章生教授、鳥居恭好准教授、古川壮一准教授、森永康教授、松藤寛准教授、菊地香准教授、山下哲平助教、成澤直規助教に心より感謝申し上げます。

そして、国際救助隊の活動を隊員として支援協力してくれた131名の学生諸君、秋田谷 亮、愛宕茉由里、石井 慧、石澤有紗、石﨑稜汰、石橋佐和子、市川奈那、伊東明広、伊東亜友里、伊藤祐樹、板橋 遥、井上瑞紀、上原一貴、植松達也、梅森友賢、江口定晃、遠藤龍平、大庭彩音、岡嶋秀介、岡田 遥、大空 翼、小川 隼、小沢克雄、太田瑛美、大西渓介、大野彩香、小田本一樹、加藤唯斗、加藤千尋、加藤達人、角田大樹、片山 海、鎌田健福、神山悠美、唐澤尚志、河合真吾、川口華波、川崎幸正、川辺百合菜、菊地聡史、菊地拓海、北島翔太、喜多村旬、木村晋太郎、肝付美都、楠本悠太、窪田めぐみ、呉羽太奎、黒川飛鳥、見目由樹、小林愛実、小林拓真、小松樹玄、小松夕華、坂井祥子、酒井美香子、櫻井　薫、佐藤有紗、佐藤　究、蔀　大輝、塩谷明日美、鹿俣直裕、澁谷　恵、下間　碧、朱　ソルイ、白戸瑞穂、菅藤佑紀、杉本実夏、鈴木佳祐、鈴木公也、鈴木沙祐里、鈴木友里、鈴木玲菜、須田翔大、関　梓、田上真由香、高橋孝治、高橋弦人、高野麻理香、高野小春、田上　峻、田中広生、田中　魁、丹下達道、土屋里実、寺澤佑紀、都築　潤、鳥谷明子、内藤大輝、中村彰夫、中野遼太、中本綾香、長島かずな、長瀬みはる、名越彰一、成島嘉希、西澤　祥、西田洋介、西野恭平、西村圭右、野崎　衛、野村直佑、橋本　英、馬場菜摘、原田悠暉、濱田健太郎、東垂水彩乃、平沼満紀、平間千絵、平山　悟、福田　彩、福田弥里、藤下理美、藤平奈央子、古巣雄大、堀　千夏、本庄　潤、牧　大剛、桝原希枝子、町田美早、三村健登、武藤由莉、森　幸一、安富淳哉、山林紅美子、山岸明日香、山本暁久、山本優果、渡邉和生、渡辺恭平、渡邊柊人、世界の舞台で社会に貢献できる人を目指し、この経験からつないでいく未来に期待します。

　また、本書の出版を快く引き受けていただき、編集にきめ細かい力を注ぎ込んでくださった株式会社リバネスの磯貝里子さんには、３か月という驚異的に短い期間でこの本の完成に導いてくださったことに心より感謝を申し上げます。

平成27年3月

研究者代表　**木村政司**

国際救助隊誕生

――N. RESCUE 国際救助隊誕生物語――

2015 年 3 月 9 日　第 1 版　第 1 刷

日本大学　学長特別研究プロジェクト　編著

発 行 元　日本大学
発 行 所　リバネス出版（株式会社リバネス）
〒 160-0822
東京都新宿区下宮比町 1-4 飯田橋御幸ビル 5F
T E L　03-5227-4198
F A X　03-5227-4199
E-mail　pub@leaveanest.com
印 刷 所　合資会社 三島印刷
装　 丁　木村　政司（日本大学）
D T P　株式会社プロ・アート

定価はカバーに表示してあります。
落丁、乱丁は、お手数ですが弊社宛てにお送りください。
送料小社負担でお取り替えいたします。

ISBN 978-4-907375-49-2 C0030